# 小さく
# はじめよう

### 自分らしい事業を手づくりできる
### 「マイクロ起業」メソッド

## 斉藤 徹

# はじめに
## 未来をひらく旅の前に

### 自分らしく、ゆたかに生きよう

　わたしは、わたしらしく、ゆたかに生きたい。今の生活を大事にしながらも、いまだ見ぬ自分の可能性に挑戦したい。そう感じるのであれば、この本は、あなたのために書かれたものだ。世界に向けて挑戦するとか、市場を独占するとかではない。僕がお伝えしたいのは、あなた自身の「幸せの循環」をつくるメソッドだ。

### 好きや強みを起点にして、自分の可能性を広げよう

　幸せは、他者の悩みを解決し、心から喜んでもらうことで循環する。そのために必要な技術や知見を磨くこと。そのために懸命な努力を続けること。しかし、あなたの脳は嫌いなことを続けてくれない。だからこそ、好きや強みを起点にして、自分の可能性を追求すること。それが、ゆたかな人生への近道なのだ。

### この本の目的は、自分らしい事業を手づくりすることだ

　お金を儲けるためではなく、自分の可能性を追求し、ワクワクする人生を歩みたい。夢物語ではなく、現実の世界で実現したい。そんな願いを叶えるために、僕はこの本を書いた。自身の起業家経験と経営理論をもとに「自分らしい事業」を手づくりするメソッドとして体系化した。最短距離で、最大の成果を目指すノウハウだ。

## 小さくはじめよう

　20世紀は「背伸びの時代」だった。立派な事業計画をつくり、お金を集め、人を集め、オフィスを借りる。成功するのは千三つだ。しかし、テクノロジーの進化が「事業づくり」を劇的に変えた。たくさんのお金を集める必要はない。多くの時間を使う必要も、苦痛を味わう必要もない。大切なのは「小さくはじめる」ことなのだ。

## わたしに、ほんとにできるのだろうか？

　大丈夫。子どもがレゴブロックに挑戦するように、誰でも事業を手づくりできる。「最新の理論」をベースに、小さくはじめよう。スキマ時間に、ワクワクする事業を考え、挑戦しよう。「最新の技術」を相棒に、賢くはじめよう。ChatGPTと対話して、自分にフィットした優れたアイデアを手にしよう。あなたの未来は、きっと広がってゆく。


　さあ、準備はいいかい？
　いまから、自分の未来をひらく旅に出かけよう。

# CONTENTS

# Chapter 1 〈0 to 1〉
# アイデアを生み出す

## Chapter 2 〈CPF〉
## 顧客に共感し課題を発見する

## Chapter 3 〈PSF〉
## 課題に対する解決策を考える

## Chapter 4 〈PMF〉
# 市場が受け入れる製品に育てる

# マイクロ起業メソッドを加速させる
## 2つの特典

### 1. 生成AIのプロンプト集サイト（無料）

本書では、ChatGPT をはじめとした生成 AI を駆使することで、誰もが「自分らしい事業」を手づくりできる方法を解説しています。

本書の紙面にもプロンプト（指示文）例を豊富に掲載していますが、載せきれなかったものも含め、初級者から上級者まで使えるプロンプト集サイトを用意しました。ぜひ試してみてください。

https://hint.quest/

---

### 2. マイクロ起業メソッドを実践できるワークシート

本書で紹介している「アイデア発想マンダラート」「マイクロ起業キャンバス」などのワークシートが、下記の二次元コードからダウンロードできます。あわせてご活用ください。

**ユーザー名：discover3034**
**パスワード：micro**
https://d21.co.jp/special/micro/

※本書の特典は予告なく変更・終了する可能性があります。ご了承ください。

マイクロ起業メソッドの全体像

# 幸せ視点で事業をつくる

自分の夢に向かって確信を持って歩み、
自分が思い描く人生を送ろうと努めるならば、
きっと思いがけない成功にめぐり合うだろう。
——シンプルライフの提唱者 ヘンリー・デイヴィッド・ソロー

本書で解説する「マイクロ起業メソッド」は、筆者の30年以上の起業家人生から得られた知見に、最新のイノベーション理論をかけ合わせて、「自分らしい事業づくり」の手法を体系化したものだ。

　メソッドを構築して以来、8年の歳月をかけて、1000名を超える学生や社会人の方々と、実践を通じて磨き上げてきた。ただ、新しいアイデアを考えることに慣れていない方にとっては、それなりに高いハードルがあるのも確かだった。

　しかし、近年登場した「生成AI」と組み合わせると、アイデアづくりが格段にしやすくなることがわかった。文字通り、誰でも「自分らしい事業アイデア」をつくり、実践できるレベルまで完成度が高まったのだ。

　この「マイクロ起業メソッド」は、スタートアップ業界でメジャーな手法や理論──リーンスタートアップ・デザイン思考・ジョブ理論・バリュープロポジションキャンバス・ビジネスモデルキャンバス──などを基礎とし、筆者オリジナルの「幸せ視点のアイデアづくり」を加えて統合したものだ。

　個々の方法論をご存知の方にとっても「ステークホルダー（事業に関わるすべての人）の幸せの起点となる」という視点を持つことで、新たな気づきや発想が生まれるのではと期待している。

　その第一歩となるChapter0では、特徴となる「幸せ視点」が必要な理由を、時代背景やビジネス界のトレンドを踏まえながら解説し、それを下敷きにしたメソッドの全体像を提示する。

　それでは、小さくはじめていこう。

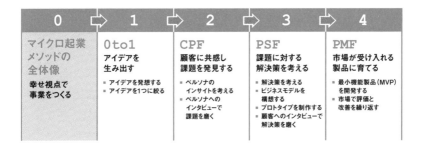

# 1

# 事業づくりが
# お金視点から
# 幸せ視点へ

 ## 自分も関わる人も「幸せ」な事業をつくる

　事業とは何か。それは「社会の役に立つ商品やサービスを提供して、感謝の気持ちとしてお金をいただき、それが持続的な経済活動として成立していること」といえるだろう。

　あなたは事業をつくる経験をしたことはあるだろうか。そんなこと、知識も経験もないし、わたしにはとても無理と思う方も多いかもしれない。
　ならば、シンプルに考えてみよう。自分が得意なことで、誰かに貢献する。喜んでもらい、お礼をいただく。笑顔の輪が自然と広がってゆく。

　会社が扱う製品やサービスに関わるのもステキなことだが、「自分

が企画した製品やサービス」を世の中に出せたらどうだろう。「友だち
と手づくりしたお店」をオープンできたらどうだろう。そう考えると
ワクワク感じる方も多いだろう。

　本書は「自分の強みや得意なことを生かしながら、自分が心からや
りたいと思えることで新しい事業をつくっていく」ことに焦点をあて
た本だ。個人としての起業はもちろん、会社組織などチームでつくり
あげる新規事業などにも対応している。

　完全に独立しての起業ではなく、副業からスタートしても構わな
い。むしろ、今の生活に負担をかけない範囲で、無理なくはじめるこ
とを推奨したい。
　背伸びをするよりも、自分の好きなことを見つけ、小さくはじめて
みること。すこしずつ育てていくこと。それが自分自身の幸せ、自己
実現に向かう第一歩となるだろう。

　本書が提案する「マイクロ起業メソッド」は、自分の幸せを起点に
しながらも、事業に関わる人や顧客など、すべての人の幸せを実現す
ることを目指している。

　このような「幸せ視点」がどうして重要なのかをお伝えするために、
まず、このメソッドが生まれた理由を少しお話ししたい。

## 幸せ視点のマイクロ起業メソッドが生まれた理由

　これはある経営者の話である。その経営者は、1990年代のベンチャーバブルの頃、次のような経営スタイルで一定の成功を収めた。

① 世界を変えるようなビッグアイデアをひらめく
② 経営環境を分析し、立派な事業計画をつくる
③ 起業チームを結成し、起業資金を集める
④ オフィスを借りる、人を雇う、Web をつくる、広告をうつ
⑤ いかにお金を集めるか、いかに集客するか
⑥ 社員とも顧客とも、お金を通じた関係になる
⑦ キーとなるのは、資本戦略、製品戦略、マーケティング戦略
⑧ 目標は、最短距離の成長、トップシェア、企業価値の最大化

　しかし、20年以上の時間を経た今、その経営者は次のような考え方の経営スタイルに変化しているという。

① 自分が夢中になれるスモールアイデアをひらめく
② 計画より前に、経験を積み、学習し続ける
③ その過程で、コンテンツが磨かれ、同志の輪が自然と広がる
④ 価値観をともにする友人のチカラを借りて、小さくはじめる
⑤ いかにいいサービスをつくるか、いかに顧客の事前期待を上回るか
⑥ 一期一会。人との出会いを大切にする
⑦ 無理に告知しない、無理に戦略をたてない、無理に拡大しない
⑧ ビジョンはあるが、自然な流れを大切に、幸せの連鎖を広げる

事業づくりのプロセスのあらゆる部分に「**自分自身、そして事業に関わるすべての人に幸せが広がるか**」という"幸せ視点"が入っていることがわかるだろう。

お気づきの人もいるかもしれないが、この経営者とは筆者自身のことだ。自身の起業や経営の経験、特に何度も経験した失敗を通じて、「お金視点」から「幸せ視点」の考え方に変わってきたのだが、実はこの変化は、筆者のみならず、世界的な潮流となりつつある。きっかけとなったのは、2008年に起きたリーマンショックだった。

## アンチ・ユニコーンから生まれた起業スタイル「ゼブラ」

インターネットの登場で以前よりもつながりを増した世界の中心には、経済活動、端的に言えば「お金」があった。リーマンショックは、その行き過ぎた資本主義の結果として起きた悲劇だった。

この2008年を境にお金中心の世界の終焉、つまり資本主義も行き過ぎると破綻するということに多くの人が気づき、世界のビジネストレンドは変わりはじめた。

その象徴的な存在が、アンチ・ユニコーンから生まれた起業スタイル、「ゼブラ」だ。

ユニコーンとは、未上場で時価総額が10億ドル（約1500億円：2024年

3月現在）以上ある巨大なベンチャーのことを指す。このようなベンチャーを目指そうとすると、指数関数的な成長やシェアの独占が目標となり、勝ち負けがはっきりするようなゼロサムゲームに挑むことになる。

そのため、起業家は、利益が出る前から大きな額の資金を集めて、イチかバチかの勝負に賭け、それを投資家が支える構造になる。

結果的に、儲けは競争を勝ち抜いた特定の起業家や投資家が独占することになり、参戦しない人も含めて多くの人との格差が広がってゆく。

この考え方自体は、今も主流であり、悪いというわけではない。

一方で、このユニコーンという起業スタイルに対して、一部でゼブラと呼ばれるような、新しい起業スタイルが登場してきた。ゼブラは、**指数関数的な成長や独占ではなく、持続可能な繁栄を目指し、競争よりも共存、参加者全員がWin-Winになるような共創的でオープンな市場をよしとする。**

受益者はコミュニティ、公共などの共同体と呼ばれるもので、ビジネスの最終目標をユーザーの成功と考える。

リーマンショック以降、利益の独占より持続的な繁栄を目指す、新しい価値観を持つスタートアップが増えてきているのだ。

[ 起業スタイル「ユニコーン」と「ゼブラ」 ]

| ユニコーン<br>（時価総額10億ドル超の未上場ベンチャー） | ゼブラ<br>（持続可能な成長を目指すスモールカンパニー） |
|---|---|
| 指数関数的な成長 | 持続可能な繁栄 |
| 独占、ゼロサム、競争、クローズ | 共存、Win-Win、共創、オープン |
| 受益者は株主、限られた個人 | 受益者はコミュニティ、公共 |
| ユーザーの獲得 | ユーザーの成功 |

出典：Zebras Unite

## 組織の資産の最大化から
## 人の幸せの最大化へ

　起業スタイルだけでなく、経営に対する価値基準の変化も起こっている。

　20世紀最高の経営者と言われたGEの元CEOであるジャック・ウェルチと、21世紀を象徴する企業の1つであるTeach for Americaを創業したウェンディ・コップの経営スタイルを比較すると、あらゆる面で異なる価値観を持っていることがわかる。

　ひとことで言うと「経営の目的、経営に求めるもの」が根っこから違う。**20世紀型の経営は「お金視点」であるのに対して、21世紀型の**

経営は「幸せ視点」の経営といえるだろう。

　20世紀型の経営は資産の最大化に価値基準を置くため、当然、目標やそれを達成するためのプロセスはすべて資産の最大化のためのものになる。

　対して21世紀型の経営は、価値基準を人の幸せの最大化に置く。
　事業を通じて市場を独占することよりも、事業自体が持続することを重視し、最短距離の成長よりも自然な繁栄という部分に事業プロセスの価値を見出す。
　それに伴い、組織の形もトップダウンの垂直型ではなく、人間中心のフラットな形を理想とする。安定した時代にはマッチした計画と統制のマネジメントも、今の時代にはそぐわない。変化の激しいVUCA（Volatility・Uncertainty・Complexity・Ambiguityの頭文字を取った造語で、社会やビジネスにおいて、複雑に変化し先が読めない状況を意味する）と呼ばれる現代では、日々の変化に合わせて学習しながら形を変えていくマネジメントが求められている。

　物事に取り組む動機も、お金や地位に代表される外発的な動機づけから、本質的な幸せに基づく内発的な動機づけにシフトしてきた。仕事に対する考え方も「お金を稼ぎ、出世する機会を得るため」から「楽しみ、成長し、社会に貢献する機会を得るため」というように、若い世代を中心に、捉え方が移行しつつある。

　個人も組織も「お金」だけで動く時代は終焉を迎えるだろう。人間としての幸せをいかに実現するかという、これまでの企業が不得意だった領域に、社会の価値観がシフトしはじめたのである。

## 20世紀型経営と21世紀型経営の違い

| 20世紀最高の経営者<br>General Electric<br>元CEO ジャック・ウェルチ氏 | | 21世紀のゼブラ企業<br>Teach for America<br>元CEO ウェンディ・コップ氏 |
|---|---|---|
| 20世紀型 経営（お金視点） | 価値基準 | 21世紀型 経営（幸せ視点） |
| 組織の資産の最大化 | 価値基準 | 人の幸せの最大化 |
| 独占（モノポリー） | 目標 | 持続（サステナブル） |
| 最短の成長（グロース） | プロセス | 自然な繁栄（ナチュラル） |
| 垂直（ヒエラルキー） | 組織 | 水平（フラット） |
| 計画と統制（PDCA） | マネジメント | 持続的な学習（OODA） |
| 外発的動機づけ（お金と地位） | 動機 | 内発的動機づけ（本質的な幸せ） |
| お金を稼ぎ、出世する機会 | 仕事 | 楽しみ、成長し、貢献する機会 |

# 米国トップ企業の経営者181人が「株主資本主義との決別」を宣言

　2019年8月19日、米国の主要企業の経営者をメンバーとするビジネス・ラウンドテーブル（Business Roundtable ＝ BRT）が出した声明は、ビジネスシーンに大きなインパクトを与えるものとなった。

　それまでの経営の原則であり、米国的経営の旗印にもなっていた「株主資本主義」を批判し、株主だけでなく、関係するすべての人のために会社はあるべきだとする「ステークホルダー資本主義」への転換を宣言したのだ。

　この声明は、「個々人が勤勉な仕事と創造性によって成功し、意味と尊厳のある人生をもたらす経済が米国人にはふさわしい」と始まる。

いい仕事、強く持続可能な経済、イノベーション、健全な環境、すべての人に対する持続的な機会の提供には、自由市場が最適な手段であり、「どのステークホルダーも不可欠の存在である。私たちは会社、コミュニティ、国家の成功のために、その全員に価値をもたらすことを約束する」と締めくくられている。

　スタートアップだけでなく、大企業も含めて、事業に対する考え方が今世紀に入って大きく変わってきているのだ。

　このような価値観変容の波は、経営学にも訪れている。ミシガン大学教授のジェームズ・ウォルシュは、次のような問題提起をしている。

---

*What's the purpose of business ?*
*ビジネスの目的とは何か？*
*法は正義のために。*
*医学は健康のために。*
*ではビジネスは〔　　　　　　　　　〕のために。*

出典：入山章栄著『世界標準の経営理論』

---

　あなたは〔　　〕の中には何が入ると思うだろうか。

「我々はビジネススクールで、空欄を埋める言葉を考えるように学生に何度も伝えてきた。しかし、この問いを学生に問いかけると決まって最初に訪れるのは奇妙な沈黙である。彼らは自らの口から、知っているべき答えが出てこないことに驚くのだ」とウォルシュは

語っている。

　ここで彼が提示したのは、「コレクティブ・バリュー」という概念だ。「コレクティブ・バリュー」とは、「精神的、身体的、社会的に良好な状態のこと」、もっと直感的にいえば「一人ひとりがよりよく生きること」。いわゆる「ウェル・ビーイング」の概念に近い。その最適化こそが、ビジネスの目指すべきものではないかとわたしたちに問いかけているのだ。

　世界最大の経営学会である「アカデミー・オブ・マネジメント」の2016年世界大会のテーマも、まさに「ウェル・ビーイング」だった。「ビジネスと幸せを同期させること」に、世界の経営学者も注目しはじめているのである。

# 2

# マイクロ
# 起業メソッドの
# 全体像

## アイデアづくりから事業化まで

　筆者の経験、そしてここまで述べてきたような時代の流れから生まれたのがマイクロ起業メソッドだ。ここからは、実際に事業アイデアを考えていく前に、マイクロ起業メソッドの全体像を理解しておこう。

　本書で示す事業づくりの根本には、「**事業を通じて、人の幸せをどのように実現するか**」がある。

　事業をつくる人自身が楽しんで幸せを感じることはもちろんのこと、その事業に関わる人、そしてそれを利用するお客様、すべての人に幸せをもたらすことを目標としている。

　それを踏まえて、最新の経営理論をかけ合わせて体系化したのが次の具体的なステップだ。

　最初に「0 to 1」、つまりアイデア発想からスタートする。事業のつくりかたを解説した本は数多く存在するが、アイデア発想の方法にまで言及したものは少ない。本書全体のカギでもある「幸せ視点」に沿ってアイデアを発想する方法を解説していきたい。

　次の「1 to 100」の段階では、出てきたアイデアを具体的に事業に落とし込む方法を紹介していく。各ポイントで「幸せ視点」を加え、自分のやりたい事業を形にしていこう。

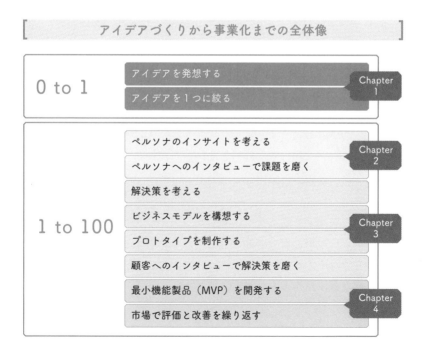

**アイデアづくりから事業化までの全体像**

| 0 to 1 | アイデアを発想する | Chapter 1 |
| | アイデアを1つに絞る | |

| 1 to 100 | ペルソナのインサイトを考える | Chapter 2 |
| | ペルソナへのインタビューで課題を磨く | |
| | 解決策を考える | |
| | ビジネスモデルを構想する | Chapter 3 |
| | プロトタイプを制作する | |
| | 顧客へのインタビューで解決策を磨く | |
| | 最小機能製品（MVP）を開発する | Chapter 4 |
| | 市場で評価と改善を繰り返す | |

# 0 to 1
# 新しい事業アイデアを生み出す

本書では次の3つのステップでアイデアを生み出していく。

① Why ＝ なぜ私が？
　→自分が本当にしたいことを言語化し、好きや強みを探索する
② What ＝ どんな価値を？
　→自分の好きや強みを組み合わせて、自分らしいアイデアの種を探
　　索する
③ How ＝ どのように提供する？
　→アイデアの種をもとに、問いと対話で深掘りし、最終的に1つに
　　絞る


## ①Why＝ なぜ私が？

　Apple 創業者のスティーブ・ジョブズは「人は本当に好きなことしか続けられない。僕はそう確信している。だから、好きなことを探してみるんだ」という言葉を残している。

　イノベーションを起こそうとすると、次から次へと困難が襲ってくる。だから、本当に自分が好きなことでないと乗り越えられない。好きなことでなくても、最初の1つや2つの困難は気合いでどうにかなるかもしれない。だが、それだと持続しないのだ。

　そのために、初めに意識すべきなのは「なぜ私がそれをするのか？」

という問いに向き合うこと。個人であれば、**セルフ・コンコーダント・ゴール**（個人の心の奥底にある信念や強い関心から追求される目標）を考えること。組織であれば、**パーパスないしミッション**（社会における存在意義）を考えることだ。

- ほんとうに、私はそれをしたいのか？
- ほんとうに、それは組織の存在意義に通じることなのか？

　この哲学的な問いを、自らに問いかけることからはじめよう。

　その上で、**好きなこと**（強い興味を持つこと）、**強みと思えること**（得意なこと、経験を積み重ねてきたこと）は何かを、再び自らに問う。

　これによって「自分らしい事業」を見つけるための中核とすべき要素が見えてくるのだ。

　この「① Why ＝なぜ私が？」のみ、個人と企業でプロセスが異なる。自分で起業したい方は「個人」を起点として、組織の新規事業を開発したい方は「組織」を起点として考えてみよう。

## ②What＝どんな価値を？

　次に、あなたの好きや強みを生かせる事業は、世の中にどんな価値を提供できるかを考えよう。

　イノベーションの父とも呼ばれるオーストリアの経済学者ヨーゼフ・シュンペーターは、イノベーションという掴みどころのない言葉を次のように紐解いた。

「イノベーションとは何か。それはこれまで組み合わせたことのない要素を組み合わせることによって、新たな価値を創造することである」

　ジョブズも「創造性とは物事を結びつけること」とインタビューに答えている。

　マイクロ起業メソッドでは、「① Why ＝なぜ私が？」のプロセスで発見した、自分の好きや強みを多角的に組み合わせることで、斬新で自分らしいアイデアの種をいくつも探索する。
　これが「② What ＝どんな価値を？」のプロセスになる。

## ③How＝どのように提供する？

　浮かび上がってきたアイデアの種を、現実的な価値として、どのように社会に届けられるだろうか。Why、What で生まれたアイデアを、もっと具体的に、もっと魅力的にしていく必要がある。

物理学者スティーブン・ホーキング博士が「私は、成長しない子どもなんだ。『どうして』とか『なぜ』といった質問をし続けている。そして、たまに答えを見つけるんだ」という言葉を残しているように、この段階では「なぜ？」「どうして？」を問うことでアイデアを磨き、深掘りすることが大切だ。

自分の心の奥底にある思いに気づき、好きや強みを探索し、それらを組み合わせることで複数のアイデアの種をひらめく。それに問いと対話で深掘りする。この過程で ChatGPT が強力な相棒となり、最短距離で自分らしい事業アイデアを創案することができるのだ。

## 1 to 100
## 発想したアイデアを事業化する

0 to 1に続く1 to 100のプロセスでは、リーン・スタートアップやデザイン思考など、すでにあるイノベーション手法を基礎として、最適に組み合わせてアイデアを事業化していく。

まず初めに、顧客の課題を発見し、その課題を磨いていく。この局面を① CPF（Customer Problem Fit ＝顧客課題フィット）という。

課題（Problem）とは、顧客が困っていることを指す。ある顧客（Customer）が解決を熱望する課題を見つけることが目的だ。ここではユーザーが何に困っているのかを、とことん深掘っていこう。

課題を発見し、その課題に悩んでいる人がわかったら、解決策（Solution）を考える。これを② PSF（Problem Solution Fit ＝課題解決フィッ

ト）と呼ぶ。①CPFで発見した課題に対して最適な解決策を見つけ、それを磨いていく。

　ただし、課題にしろ、解決策にしろ、自分の空想の産物でとどまっていては、本当に社会に求められているものかはわからない。そのため、①CPF、②PSFともに「現実の人間にインタビューする」プロセスを入れることで、アイデアと現実が「フィット」されたかどうかを判断するのだ。

　①CPFと②PSFを完了したら、③PMF（Product Market Fit ＝製品市場フィット）と呼ばれる局面に入る。②に基づく最小機能の製品（Product）をつくり、その製品を受け入れてくれる現実の市場（Market）を探すのだ。ここで製品サービスを磨いていく。

　市場といっても、できるだけお金をかけずにアプローチすることが大切だ。初期段階は、自分を信頼してくれる身近な友人や知り合いなどに、できればお金をいただきながら使ってもらう。そこで改善を積み重ねながら、新たな顧客を開拓し、製品サービスを市場にフィットさせていくのだ。

　PMFはスタートアップ業界の中ではとても有名なキーワードだ。なぜなら、この段階にたどり着くとその製品サービスが市場に受け入れられた、つまりフィットしたと見ることができ、投資に値する事業として評価されるからだ。

　簡単にまとめると、CPFは顧客の課題を磨く局面、PSFは解決策を磨く局面、PMFは製品サービスを磨く局面となる。

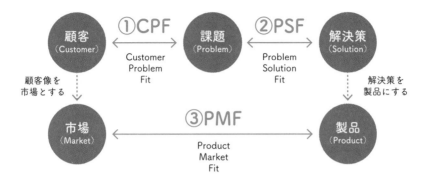

事業づくりの3つのステップ

① CPF　Customer Problem Fit

② PSF　Problem Solution Fit

③ PMF　Product Market Fit

顧客（Customer）　課題（Problem）　解決策（Solution）

顧客像を市場とする　解決策を製品にする

市場（Market）　製品（Product）

## 製品・顧客・市場の3つの視点でリスクを検証する

最後に、「1 to 100」の事業化のプロセスをシンプルに俯瞰しながら、次の3つの視点で検証しよう。各段階を「製品・顧客・市場」という視点で捉え、それぞれのリスクを解決することで、より高次の段階に進むことができる。

● 正しい製品をつくれるか？＝製品リスク
● 顧客への経路をつくれるか？＝顧客リスク
● 実現可能な事業をつくれるか？（黒字の事業をつくれるか）＝市場リスク

まず、① CPF（顧客課題フィット）は、最も基礎となるリスク「そのアイデアは、そもそも社会的に必要とされているのか」という問いに答えられるかを試すプロセスといえる。

## CPF 顧客課題フィット

- 製品リスク＝その課題は本当に存在するのか？
- 顧客リスク＝誰が困っているのか？
- 市場リスク＝競合（既存の代替品）は何なのか？

　続いて、②PSF（課題解決フィット）は次なるリスク「あなたが、その課題を解決するのは可能なのか」を問うプロセスである。

## PSF 課題解決フィット

- 製品リスク＝最小限の機能は何か？
- 顧客リスク＝最初に買う人は誰か？
- 市場リスク＝いくらで買ってくれるか？

　次に、③PMF（製品市場フィット）の準備段階として、MVP（Minimum Viable Product ＝実用最小限の製品／最小機能製品）をつくる必要がある。

　このMVPをベースに、最後のリスク「その製品は、本当に売れるのか。黒字化できるのか」を問うのがPMFだ。ビジネスにおいて極めて重要なこの問いを、定性的・定量的に検証し、現実世界の市場にフィットさせていく。

## PMF 製品市場フィット

定性的

- 製品リスク＝ MVP の独自価値は理解されているか？
- 顧客リスク＝最も効果的な顧客チャネルは何か？
- 市場リスク＝ MVP はいくらで売れるか？

定量的

● 製品リスク＝〔粘着型〕ユーザー定着率は十分に高いか？
● 顧客リスク＝〔ウイルス型〕顧客推奨は十分に高いか？
● 市場リスク＝〔支出型〕顧客生涯価値は十分に高いか？

このようにリスクの検証を繰り返し、事業を整えていく。

[ 各ステップにおけるリスクの検証 ]

製品リスク：正しい製品をつくれるか？
顧客リスク：顧客への経路をつくれるか？
市場リスク：実現可能な事業をつくれるか？

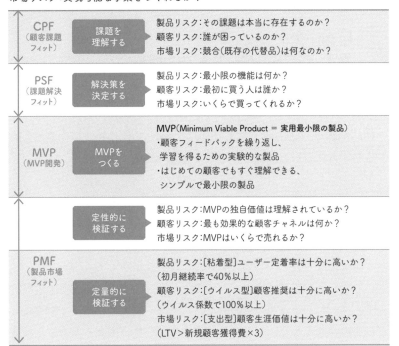

| CPF (顧客課題フィット) | 課題を理解する | 製品リスク：その課題は本当に存在するのか？ 顧客リスク：誰が困っているのか？ 市場リスク：競合（既存の代替品）は何なのか？ |
|---|---|---|
| PSF (課題解決フィット) | 解決策を決定する | 製品リスク：最小限の機能は何か？ 顧客リスク：最初に買う人は誰か？ 市場リスク：いくらで買ってくれるか？ |
| MVP (MVP開発) | MVPをつくる | **MVP(Minimum Viable Product ＝ 実用最小限の製品)** ・顧客フィードバックを繰り返し、学習を得るための実験的な製品 ・はじめての顧客でもすぐ理解できる、シンプルで最小限の製品 |
| | 定性的に検証する | 製品リスク：MVPの独自価値は理解されているか？ 顧客リスク：最も効果的な顧客チャネルは何か？ 市場リスク：MVPはいくらで売れるか？ |
| PMF (製品市場フィット) | 定量的に検証する | 製品リスク：[粘着型]ユーザー定着率は十分に高いか？ （初月継続率で40%以上） 顧客リスク：[ウイルス型]顧客推奨は十分に高いか？ （ウイルス係数で100%以上） 市場リスク：[支出型]顧客生涯価値は十分に高いか？ （LTV＞新規顧客獲得費×3） |

参考：アッシュ・マウリャ著『Running Lean──実践リーンスタートアップ』

# 3

# 対話を通じて アイデアや 事業を磨く

## 自分、チーム、 そしてChatGPTとの対話

　事業アイデアをつくるにあたって、大切なことがある。それは「アナロジー思考（類推思考）」とも呼ばれるもので、2つ以上の物事に共通するところに着目し、課題に応用する思考法のことだ。

　何か考え事をしているときに、突然ひらめいたという経験は誰しもあるだろう。どこからその発想が生まれたのか、記憶をたどってみると「なんらかの構造が類似した、まったく別のモノ」に接したことがきっかけになることが多いのではないだろうか。

　イノベーションは組み合わせだ。まったく関係なさそうな物事になんらかの共通点を見出し、新しいアイデアを生み出せる能力こそ創造力であり、アイデアを発想するカギといえるのだ。

　では、このアナロジー思考を絶え間なく刺激するにはどうしたらいいだろうか。それは自分自身の中に多様な経験を蓄積すること。そして異なる経験や視点を持つ人と対話することだ。

　まず、自分らしさに気づくために「自分と対話」する。

　まずは自分と対話すること。製品やサービスを購入してくれるのは他者だが、それをつくりだすために必要な労力と時間を投入するのは「自分」であり「自組織」であるからだ。

- 私がほんとうはしたいこと、こだわっていることはなんだろう
- 私が人より多く経験したことは何か？強みとなる知見は何か
- 私はこのアイデアをほんとうにしたいと思っているだろうか

　これらの問いについて考えを深めていき、自分にとっての「揺るがぬ幹」を見つけよう。組織に置き換えれば「私たちの組織は何をすべきなのか」「組織の強みは何か」を考えていくことだ。

　続いて、ひらめきを得るために「ChatGPTと対話」する。

　ChatGPTは正しいアイデアを教えてくれるツールではない。しかし、膨大な集合知をもとに応答するChatGPTを、物知り秘書のような存在に見立てることができたらどうだろう。何度聴いても嫌がらず、指示した分だけそれなりの答えを返してくれる。壁打ちの対話相手として、この上ない存在とは思えないだろうか。

- こんなサービスを考えたが、どんな人がほしがるだろう
- その人がほしいと思うためには、どんなことが大切だろう
- このアイデアの競合となるような製品サービスを教えてほしい
- この事業における成功の秘訣はなんだろう

　こんな具合に、ChatGPT と対話を重ねていくのだ。

　本書では、すべてのプロセスにおいて ChatGPT との対話を推奨している。そこで重要になるのは、プロンプトと呼ばれる、ChatGPT への問いかけの言葉だ。本書では、それぞれの行程でプロンプトを用意している。本書の刊行にあわせ、初級者から上級者まで活用できるプロンプト集の専用無料サイト「hint.quest（詳細は p.9）」も用意したので、ぜひアイデアを磨く一助にしてほしい。

　　そして、現実の世界との接点を探るために「人と対話」する。

　ChatGPT との対話から導き出したアイデアをもとに、知り合いや仲間と壁打ちをすることで、さらなるひらめきを得られるとともに、より現実社会に即したアイデアへと洗練されていくはずだ。

- こんなアイデアを考えたんだけど、どう思うか
- こんなサービスがあったら、ほしいと思うだろうか
- どんなことがあれば、買いたいと思うだろう
- 誰か、まわりに興味を持ちそうな人はいるだろうか

　近しい人にアイデアをぶつけてみたり、何かのコミュニティに属しているのであれば、そこで壁打ちをお願いし、対話してみるといい。そうやって出てきたアイデアをさらに磨いていくのだ。

よりアイデアが具現化したら「ペルソナと対話」を行う。

　顧客の課題を磨く CPF や解決策を磨く PSF の段階を経て、課題や解決策が具現化してきたら、その製品サービスを使うと思われる典型的な顧客像（ペルソナ）に近い人たちにインタビューしよう。知り合いやその伝手で適した人物を見つけるのだ。

　ここで問いかけるのは、前述した「製品・顧客・市場リスク」を検証し、現実とフィットするかどうかを探る質問だ。

　インタビューをすることで、その製品サービスに対して、課題を発見し、解決策への需要を探ってゆく。そこで見つかった問題を丁寧に解決していき、製品サービスをより市場にフィットさせていくのだ。

**［ 「対話」を最大限に活用するマイクロ起業メソッドの手法 ］**

① 自分との対話：わたしにとっての「揺るがぬ幹」
例）「わたしは何がしたいのか」「わたしの強みとなる経験は何か」

② ChatGPTとの対話：物知り秘書との「壁打ち対話」
例）「こんなサービスを考えてる」「成功の秘訣は？」「競合製品は？」

③ 人との対話：リアルな人間、仲間との「壁打ち対話」
例）「こんなサービスあったら使いたい？」「コミュニティと対話するには？」

④ 顧客との対話：ペルソナへのインタビュー
例）「このような課題はありますか？」「そのときどうしていますか？」

## 対話の中で、大切にすることと変えてゆくこと

不易流行。これは松尾芭蕉がのこした言葉で、経営やイノベーションにもつながる重要な概念だ。

それは、変化しない本質（信念）を持ちながら、環境に合わせて進化（自己変容）していくこと。

「自分との対話」で発見するものは、自分らしい事業、自社らしい事業をつくる上で「揺るがぬ幹」となるもの。

それに対して、ChatGPTや人との対話で発見するものは、いかに変化し続ける社会や技術に最適化するかという「変異と適応」の可能性といえるだろう。

「自分らしさ」という変化しない本質を持ちながら「変異と適応」を繰り返していくこと。特に、移り変わりの激しいVUCAの時代には、この両面を意識しながら進化し、環境にフィットしつづけることが大切なのだ。

## ChatGPTで事業づくりを加速度的に進める

あらためて、事業をつくりあげる過程においてChatGPTなどの生成AIを活用していくことが、本書で解説するメソッドの大きな特徴でもある。事業をつくり慣れていなかったり、新しい商品やサービスの立ち上げを経験したことがなかったりした場合、そのハードルはかなり高く感じてしまうものだ。しかし、ChatGPTがこのハードルを劇的に下げてくれる。なぜなら質問を投げかけるだけで、ChatGPTがア

イデアの原型を出してくれるからだ。その原型を元に人間が考えていくことで、事業づくりを加速度的に進めることができる。

これまで事業をつくったことがない人であっても、自分が本当にやりたいと思える商品やサービスを自然と見つけられるはずだ。

## ChatGPTから質の高い回答を引き出すコツ

この ChatGPT の活用においてキーとなるのは、投げかける質問＝プロンプトであり、この質問に対する研究を「プロンプト・エンジニアリング」という。

ChatGPT からいい回答を引き出すためには、いかにいい質問をするか、いいプロンプトを入力できるかが重要なのだ。いい「問い」を出すことができれば、自分の理想の答えに近づいていける。

プロンプトには「指示」「条件」「応対」という3つの要素がある。「アイデアをつくって」「翻訳して」などの指示だけだと、精度の高い回答は得られない。「こういう役割で考えて」「こういう背景を踏まえて答えて」といった条件を加えて質問をすると、回答の精度が上がる。

また、出てきた回答に対して「もう少し続けてアイデアを出して」など追加で質問を重ねることで、自分が求める回答に近づけていくことができる。

このように3つの「指示」「条件」「応対」を適切に組み合わせながら、質の高い回答を導き出していこう。

| 指示 | 条件 | 応対 |
|---|---|---|
| 情報収集・質問 | 役割 | 追加で引き出す |
| 文書作成・添削 | 目的・背景 | 修正・訂正させる |
| 企画・アイデア創出 | 要件 | 質問させる |
| 数式・プログラム作成・添削 | 参考例・サンプル | |
| 言語の翻訳・添削 | アウトプット例 | |

出典：池田朋弘著『ChatGPT 最強の仕事術』

 ## ChatGPT活用シート

　右の図は、全体を通して使えるChatGPT活用シートだ。「指示」「条件」「応対」の代表的な質問形式と、「フレームワーク」が入っている。フレームワークの名前さえ知っていれば、「このフレームワークを使って考えてみて」と入力するだけで、これに沿った回答をくれる。ぜひ活用してほしい。

　ここまでがマイクロ起業メソッドの全体像の話である。
　次のChapterから一緒に自分らしい事業アイデアを考えていこう。

## [ ChatGPT活用シート ]

| | | | |
|---|---|---|---|
| 指示 | 情報収集 | ☐ | ○○の現状について教えて |
| | アイデア | ☐ | ○○についてのアイデアを教えて |
| | | ☐ | ○○についての事業プランを考えて |
| | | ☐ | ○○についてのネーミング案を考えて |
| | 文章作成 | ☐ | ○○の文章をつくって |
| | | ☐ | ○○の記事をつくって |
| | | ☐ | 以下の文章を要約して／校正して |
| 条件 | 役割 | ☐ | #役割　あなたは○○です |
| | 目的 | ☐ | #目的　○○するためです |
| | 要件 | ☐ | #対象　利用者は○○の課題を持った○○です |
| | | ☐ | #形式　○○文字以内で／箇条書きで／表形式で |
| | | ☐ | #表現　ビジネス用に／シンプルに／子どもにもわかるように |
| | | ☐ | #整理　MECEにロジックツリーで |
| 応対 | 追加 | ☐ | 他には？／なぜ？／具体例は？／根拠は？ |
| | 修正 | ☐ | もっと詳しく／もっと短く／○○を追加して |
| | 質問 | ☐ | ○○を質問して／○○を調べるのにどんな質問がいい？ |
| フレームワーク | 0 to 1 | ☐ | 市場分析　5forces（外部環境）／RBV（内部環境） |
| | | ☐ | 機会探索　ブルーオーシャン／破壊的イノベーション |
| | | ☐ | アイデア　HMW／オズボーンのチェックリスト |
| | | ☐ | SCAMPER法／TRIZ |
| | CPF | ☐ | 課題考察　ペルソナ／インサイト／代替品／インタビュー |
| | PSF | ☐ | 解決策　ジョブ／バリュープロポジション |
| | | ☐ | 顧客行動　カスタマージャーニー |
| | | ☐ | ビジネス　ビジネスモデル・キャンバス／インタビュー |
| | PMF | ☐ | 社内説得　タスクリスト／マーケティング計画／SUCCESs |
| | | ☐ | 事業始動　MVP／はじめの100人／成長エンジン |

出典：池田朋弘著『ChatGPT 最強の仕事術』

# Chapter 1

## 0 to 1

# アイデアを
# 生み出す

あなたの時間は限られている。
だから、誰かの人生を生きないことだ。
一番大事なことは、
あなたの心や直感に従う勇気を持つことなのだ。
—— 稀代の起業家 スティーブ・ジョブズ

さて、ここからは実際に事業のアイデアを考えていこう。
発想のプロセスは次の3段階である。

① Why ＝ なぜ私が？
② What ＝ どんな価値を？
③ How ＝ どのように提供する？

幸せ視点のマイクロ起業メソッドは、「なぜ自分がそれをやるのか？」を突き詰めて考えることから始まる。モノが溢れる成熟した社会において、なぜ、あえて、自分はそれをやるのか？

この問いに答えることは非常に難しい。
たとえ答えられなくても、事業をつくること自体はできるかもしれない。ただ、事業というのは、困難の連続の上に成り立っている。だからこそ、自分だからやる、自分だからできるといった強い信念がないと、押し寄せてくる困難を乗り越え続けることができないのだ。

だから、「なぜ私が？」こそがすべてのはじまりであり、最重要の問いとなる。

自分の中のコアとなるものを可能な限り見つけ出したら、それらを組み合わせて複数のアイデアを考えていこう。
そして「どんな価値を？」「どのように提供する？」と自らに問いかけながら、最後には「これだ！」というアイデア1つに絞っていくのだ。

| 0 | 1 | 2 | 3 | 4 |
|---|---|---|---|---|
| マイクロ起業メソッドの全体像 | 0to1 アイデアを生み出す | CPF 顧客に共感し課題を発見する | PSF 課題に対する解決策を考える | PMF 市場が受け入れる製品に育てる |
| 幸せ視点で事業をつくる | ■ アイデアを発想する ■ アイデアを1つに絞る | ■ ペルソナのインサイトを考える ■ ペルソナへのインタビューで課題を磨く | ■ 解決策を考える ■ ビジネスモデルを構想する ■ プロトタイプを制作する ■ 顧客へのインタビューで解決策を磨く | ■ 最小機能製品（MVP）を開発する ■ 市場で評価と改善を繰り返す |

## 1-1

## 〈Why〉事業のコアを探索する
# 自分の「好き」と「強み」を見つける

### 自分の真の目標「セルフ・コンコーダント・ゴール」を探す

　まず「自分の真の目標」を考えることからはじめていこう。自分が本当にしたいこと＝真の目標は何なのだろう？

　この真の目標のことを「セルフ・コンコーダント・ゴール」という。これは、ベストセラーにもなった『ハーバードの人生を変える授業』の著者であり、心理学の博士でもある米国のタル・ベン・シャハーが唱えたもので、自分の真の欲求に基づいた目標を意味する。
　自分にとって「これだ！」と自信を持って言い切れる目標を見つけることは難しいものだが、これらを考えるプロセスや経験はとても重要だ。

　セルフ・コンコーダント・ゴールの探し方について、タル・ベン・

シャハーはハーバードの授業で学生たちに次のように説明している。

① 自分にできそうなあらゆることをリストアップする
② その中から、自分がしたいと思うことをすべて選ぶ
③ その中から、自分が本当にしたいことを選ぶ
④ 本当にしたいことの中から、本当に本当にしたいことを選び出す

　これを参考に、セルフ・コンコーダント・ゴールを探してみよう。

[ 本当に本当にしたいことを探そう ]

あなたが本当にしたいことは何？
それを探すために、4つの円のそれぞれに当てはまる仕事や活動を考えてみよう。
一番内側に書いたことは、今はできていないかもしれないし、すぐにできるとも限らない。
しかし、自分が「本当に本当にしたいこと」を知り、それを目標に努力することは、あなたの人生に大きな実りをもたらしてくれる。

参考：タル・ベン・シャハー著『ハーバードの人生を変える授業』

## 自分にとっての本当の幸せとは？

　ポジティブ心理学の重要な問いの1つに「本当の幸せはどこから来るのか？」というものがある。これはセルフ・コンコーダント・ゴールを考えるにあたっても非常に重要な問いだ。

　仕事をしているとお金や出世など、外的な目標に心が向きやすい。対して、**内的な目標**とは、親密な人間関係や自己成長、組織や社会に貢献するなどに喜びを感じることをさす。

　ポジティブ心理学の調査では、「外的な目標を持つ人」は「内的な目標を持つ人」と比較して常に未達成への不安を抱えており、その達成度にかかわらず幸福度が低いことがわかっている。

　さらに、外的な目標を持つ人は「何を所有しているか」に注意が向いており、社会的に導かれた表面的な仮面人格をつくりあげる傾向が強く、自己が希薄であるという。

　つまり、お金持ちになりたいとか有名になりたいといった目標を持っている人は、たとえお金をある程度持てたり、知名度を向上できたりしても、「もっとお金がほしい」「もっと有名になりたい」という欲がさらに出てきて、幸福度が低い状態が続いてしまうのだ。

　まわりを見れば、自分よりお金を持っている人、有名な人はたくさんいる。そのような他者との比較から逃れられず、資産が減るかもしれない、築き上げた名声を失うかもしれないなどの新しい不安も、次から次へと出てきてしまう。

　だからこそ、**仕事においても、内的な目標が大切なのだ**。普段はあまり意識していないけれども、実はじんわりと幸せを感じること。当たり前のように思っているけれども、なくなったら強い喪失感を感じること。見えにくいけれども、深いところで喜びを感じさせてくれること。自分に問いかけた上で、自身のセルフ・コンコーダント・ゴールについて考えていくといいだろう。

## 本当の幸せは内的な目標から得られる

外的な目標

| 裕福に<br>なる | 有名に<br>なる | 肉体的<br>魅力が<br>ある |

内的な目標

| 親密な<br>人間関係を<br>もつ | 自己成長<br>する | 組織や<br>社会に<br>貢献する |

出典：エドワード・L・デシ、リチャード・フラスト著『人を伸ばす力——内発と自律のすすめ』

## 「自分の真の目標」を探索する問い

　セルフ・コンコーダント・ゴールを見つけるための問いを下記にまとめた。1つひとつじっくり考えてみよう。

① 小さい頃、何をするのが好きだった？

② 今までで楽しかったのはいつ？　何をしたとき？

③ これまでの人生で、ゆったり落ち着いて、
　すごく平和な気分を味わったのはどんなとき？

④ 最高の気分を味わえるのは、どんなときだろう？

⑤ 一緒にいてすごく楽しい人は誰？　どんなところが好き？

⑥ あなたがすごくこだわっちゃうことは何？

⑦ あなたがすごく大切にしているものは何？

⑧ 自分の人生の中で、すごく重要な出来事をあげると？

⑨ 何かを変えられるとしたら、何を変えたいと思う？

⑩ 今、あなたが夢中になっていること、はまっているものは？

⑪ どんな映画を見ると泣いちゃう？

　共感する登場人物に共通点はある？

⑫ 好きなことを自由にできるとしたら、どんなことをする？

⑬ 考えうる最高の状態を実現できたとしよう。

　そこには何がある？　何が起きてる？

## 私の人生は私に何を期待しているのだろう？

　自分と対話していると、自分探しの深い淵に迷い込んでしまうことがある。青い鳥症候群とも呼ばれるものだ。そんなときには、精神科医で名著『夜と霧』の著者でもあるヴィクトール・フランクルの言葉を思い出してもらいたい。

　人生からなにが期待できるかが問題なのではない。
　私の人生は「私になにを期待しているのか」
　それが問題なんだ。

　ナチスによって強制収容所に送られ、家族の多くを失うという壮絶な悲劇に見舞われたフランクルは、「そんな極限の状態でも、通りすがりの人に優しい言葉をかけ、なけなしのパンをゆずっていた人が確かにいた」ことを発見した。その経験を通じて「いかに考えるか」という人間の最後の尊厳だけは誰にもうばうことができないとした。そして「どんな状況であっても、人生には意味を見出すことができる」と説いたのだ。

　今、ないものを外側に求め続けるのもいいだろう。しかし、ほんとうに大切なことは自分自身の内側にある。彼はそのことを世界の人々に伝え、多くの人生に影響を与えたのである。

# 事業を通して自己実現を目指そう

「欲求段階説」を唱えたアブラハム・マズローは、下位の四段階の欲求（生理的欲求・安全欲求・社会的欲求・承認欲求）は「足りないと感じるものを、自分のソトから補いたいという欠乏欲求」であるのに対して、最上位の自己実現欲求は「自分のウチに求める成長欲求」であり、根本的に異なるものと考えた。

マズローによれば、仕事とは「自己実現を成す上で、最大級の有用性を持つもの」であり、仕事による自己実現とは「仕事を通して自分を知り、自分の深層部分を自覚し、人間としての喜びを味わうこと」だという。

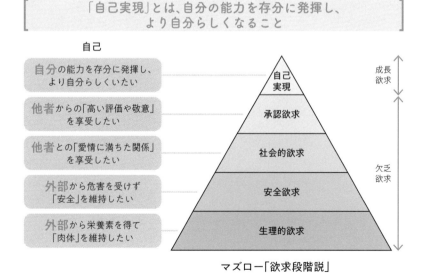

マズロー「欲求段階説」

47

　自分らしい事業をつくるのであれば、自己実現を目指し、人間としての喜びを深く味わおう。そのために、自分と対話しながら、セルフ・コンコーダント・ゴールを探していこう。そしてそれを見つけることができたら言葉にしてみよう。きちんと整った言葉である必要はないし、箇条書きでもいい。

　例えば、絵が好きな人であれば「絵を通じて他者を笑顔にしたい」でもいいし、テクノロジーを追究している技術者であれば「テクノロジーを探究して、世界を変えたい」でもいい。

　セルフ・コンコーダント・ゴールは変化していくものだ。
　まずは、今、自分が感じたことを率直に言葉にしてみよう。
　アイデアの発想には、大谷翔平選手が使用したことで有名になったマンダラートを使用する。セルフ・コンコーダント・ゴールが出てきたら、p.61にあるマンダラートの真ん中に書き留めておこう。

セルフ・コンコーダント・ゴールは
アイデア発想のコアになる

真の目標を
中央に書こう

心に太陽を持って生きたい。
人の笑顔や幸せの起点と
なりたい。

# 自分の強みを発見する

　ここまで自分の半生を振り返り「真の目標」を探してきた。ここからは「自分の強み」について探索していこう。

　自分の強みとセルフ・コンコーダント・ゴールの関連性はあまりないことも多いので、無理に相関関係や因果関係を求める必要はないだろう。ただ、ともに書き出してみることで、自分にとって大切なゴールが見えやすくなる。

　ポジティブ心理学には、自分の強みを探るための「VIA-IS」というツールがある。Webで無料で診断できるので、ぜひ実際に検索して利用してみてほしい。日本語で120問の設問に答えると、自分の強みが24の強みの中からリストアップされる仕組みになっている。

　この強みは、このツールの開発者でありポジティブ心理学の父と呼ばれるマーティン・セリグマンが導き出したものだ。

　セリグマンは旧約聖書にタルムード、孔子、仏陀、老子、武士道、コーラン、ウパニシャッドなど200冊以上に及ぶ哲学書や経典を調査し、人間の美徳は「知恵と知識・勇気・愛情と人間性・正義・節度・精神性と超越性」の6つに集約できることを発見した。その上で、彼はこれらの美徳を育むために必要となる24の強みを抽出したのだ。

　「VIA-IS」を受けてわかった強みの上位5つくらいの中から、自覚している強みをピックアップすることをセリグマンは推奨している。

# すでに見えている自分の強みを探し、整理する

　次に、自分の「顕在的な強み」を考えよう。例えば経験から積み上げてきたような技術的な強みや、強い興味・関心があること、もしくは人脈のようなものだ。

　なぜ、このような自分の強みを考える必要があるのだろう？

　次のシーンを想像してみてほしい。

　あなたは投資家の前に立ち、資金調達のためにプレゼンテーションしなければいけない状況に置かれている。そのとき、投資家はあなたに、きっと次の問いを投げかけてくる。

「なぜ、あなたが、それをするんですか？」

「他の人ではなく、あなたがその課題を解決する理由はなんですか？」

　あなたはこの問いになんと答えるだろうか。

　なぜこれらの質問を必ずされるかというと、この問いの答えの中に「起業における成功の秘訣」があるからだ。この問いに答えられないような「自分らしくない起業」では、これから立ちはだかるであろう長く険しい壁を超えるだけのエネルギーが続かない。

　起業には困難がつきものだ。それは副業であっても同じこと。自分らしさ、自己実現を追求するのであれば、なおさら一筋縄ではいかな

いだろう。机上であれこれ考えているときの壁はまだ序の口だ。アイデアを現実とフィットさせようとする段階、つまり商売としてはじめる段階で、次から次へと難題が押し寄せてくる。

　顧客が満足するレベルの製品サービスに仕上げること。お金を支払ってくれる顧客を見つけること。顧客の事前期待を上回り続ける製品サービスを提供し続けること。それらは1つひとつがとても大変で、さらにそれを100人、1000人と拡大していくごとに新しい困難にぶち当たる。さらにチームを組んで取り組もうとすると、新たに人間関係の問題が絡んでくる。だからこそ、自分が好きなことで、かつ強みが生かされていることでないと長続きしないのだ。

　ポジティブに言い換えると、どんな困難も苦に感じないほど熱中できることに取り組むことだ。自分の好きなこと、自分の強みを核にした事業アイデアを、粘り強く探索することの大切さはここにある。それが自己実現への道だからなのだ。

## 3つの視点から自分の強みを見つける

　ではここから、これまでの人生経験から得た「自分の顕在的な強み」を3つの視点で整理し、「自分らしい起業」を探索していこう。

　1つめの視点は「技能」だ。これは、職業人としての専門分野のことで、ライターであれば文章を書く能力、料理人であれば美味しい料理をつくる能力などが該当する。
　2つめの視点は「興味」である。これは生活者としての専門分野のことで、とてもハマっていることや興味のあることを指す。

　技能がお金を稼ぐ原資とすれば、興味はお金を使う原資と考えてもいいだろう。

　そして、物事を続けていると、それを通じて人とのつながり、信頼関係ができあがってくる。技能や興味を追求することで生まれた人とのつながりは会社の中で生まれることもあるし、趣味の中で生まれることもあるだろう。
　このつながりが「人脈」であり、3つめの視点になる。

## 職業人として／生活者としての自分の強みは？

### 3つの視点から自分の強みを探す

### あなたには2つの側面がある

（製品やサービス）

職業人としての技能と人脈
職業を通じて、多くの時間で磨かれた技能分野
業種知識・職種経験・専門技術や知見など
それを通じて醸成された、相互信頼の関係性

生活者としての興味と人脈
多くのお金や時間を消費している興味分野
趣味・資格・研究・学習など
それを通じて醸成された、相互信頼の関係性

## 「ライフラインチャート」で自分の強みを見つける

3つの視点から強みを探索するときに漏れなく考えるために、「ライフラインチャート」を作成し、自分がこれまでどういう経験をしてきたのかを可視化することをおすすめしたい。

筆者のケースを例にしよう。最初に身につけた技能は、コンピューター業界に入ってソフトウェア開発の技術、その後、リーダーとして関わることも多く、プロジェクトマネジメントの能力を磨くことができた。さらに思い出すと、上司に言われて朝から晩まで企画書を大量に作っていたため、スライドづくりが得意になった。

1社目となるフレックスファームを起業してからは経営者として仕事に関わっているが、1人起業だったため、営業から開発、管理、財務のすべてを担当することになり、会社の仕組みを体得できた。

専門の社員が増えてきたあとは、企業経営や資金調達などもこなしたが、4回も倒産危機に陥っていることもあり、「危機からの復活方法」が最大の強みといってもいいかもしれない。

2社目のループス・コミュニケーションズを起業してからは、1社目の経験を集大成することで、起業家として短期間で会社を成長させることができた。また、ソーシャルメディア勃興期に集中して調査・研究を行い、情報発信していたブログが有名になったことから、ソーシャルメディアの専門家と見なされ、書籍を執筆したり、講演をするようになった。

学習院大学で特別客員教授に就任してからは、これまでに学んだこ

とを「組織論」「起業論」の視点から体系化してアウトプットし、人に教える経験を積むことができた。そのためのスライドづくりやコミュニティづくりなどにも注力した。

　　……

　これらが筆者の技能だ。わりと言葉にしやすい技能と言えるかもしれない。

[ **ライフラインチャートで自分の経験を可視化する** ]

**筆者の事例**

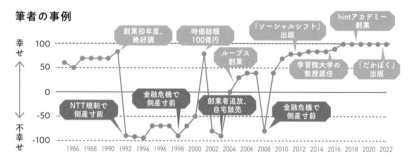

自分の人生を振り返りながら
「技能」「興味」「人脈」という
3つの視点で強みを抜き出してみよう。

| | 日本IBM | フレックスファーム | ループス | 学習院／hint |
|---|---|---|---|---|
| **技能**<br>業種・業界<br>技能・知見 | プロジェクトマネジメント／システム開発・資料制作 | 1人起業のため、営業・開発・管理・財務すべて経験／特に企業経営・資金調達・事業開発。危機からの復活技術 | 経営・ブログ執筆・書籍執筆／ソーシャルメディア関連知識 | 経営・コミュニティ運営／教師・スライド制作 |
| **興味**<br>趣味・資格<br>研究・学習 | コンピューター解析・SE論文 | 趣味も経営。経営危機を脱するために、古今東西の帝王学・人生哲学・経営学などに関する名著をひたすら読破 | 経営学・幅広いビジネス知識／「幸せ視点の経営」に関する研究 | 組織論・起業論書籍を複数出版 |
| **人脈**<br>仕事・学校<br>地域・娯楽 | 仲間と会社グループ創設 | ベンチャー創業者の仲間など、ほぼ仕事を通じた人脈 | 仕事を通じた人脈／ソーシャルメディアを通じた人脈／ソーシャルシフトの会 | Z世代のdotコミュニティ／社会人のhintコミュニティ／だかぼく読者・講演企業 |

　ただ、技能は言葉にしやすかったり、かっこいいものであったりする必要は全くない。時間をかけて自分の中で磨いてきたもの、それが技能と捉えられる。

　例えば、長年コールセンターでアウトバウンドの電話をかけていて、どんな電話が人の心に届くのかを試行錯誤し続けている人であれば、あまり自覚はないかもしれないが、電話での対人コミュニケーション能力が磨かれているはずだ。どんなことに心をさき、時間をさいてきたか。人とは異なる自分の技能を見つめてみよう。

　また、人生をふり返ると、それぞれの時期に持っていた「興味」も見えてくるはずだ。

　そして、最後にこれらを通じてどのような「人脈」、つまり信頼関係が構築できたかを考えてみよう。

## 「守」の段階を超えた「熟練技術」が自己実現の基礎となる

　自分の人生をふり返ってみて、1つのことを長期間続けていた場合、「自分はずっと同じことしかやっていない」とネガティブに捉えてしまうかもしれない。しかし、その必要はまったくない。1つのことを続けることはとても重要だ。

　カリフォルニア大学の教授スチュアート・ドレイファスの研究によると、技術習得には5段階のステージがあるという。

　第1ステージは「入門者」、知識を学ぶことから始まる。マニュアルを読んだり、人に聞いたりして頭で理解している状態だ。
　第2ステージは「中級者」とされ、知識は持っていて1人でも行動で

きる状態。第3ステージは「上級者」として問題解決ができる状態にある。この時点では、その人の中でその分野の知識が体系化され、問題を自ら発見して解決まで持っていくことができる。

　この段階でチーム内でリーダーとしての役割を与えられるようになり、一人前として認められる。

　**多くの人はここで留まってしまうが、ドレイファスによると、さらに先のステージがあるという。**

　第4ステージの「熟練者」は、自己変容できる段階である。日本の文化芸能の世界では技能を磨いていく段階を守・破・離と表現するが、この第4ステージは「破」にあたる。「守」で学んだ体系化された知識は、その段階では人から学んだことにすぎない。体系化された知識は環境の変化や他者との出会いを通して変容していく。現状に満足せず、自己修正していくと進化が加速する。

　それに集中して、1万時間ほど続けていると、ついには第5ステージの「達人」と呼ばれる域に達する。「離」の段階だ。このステージでは、問題を芽の時点で発見し、未然に防ぐことができるようになる。重要なこととそうでないことを、直感的に識別できるようにもなる。

　**特に大切なのが第4、第5ステージ、すなわち「破」「離」の熟練・達人と呼ばれる領域である。**なぜなら、この域に達している能力は、マイクロ起業にそのまま活かせる可能性が高いからだ。

　第4ステージ以降は、自己有能感が高まり、さまざまなことが楽しくなってくる。できることが増え、技術も洗練されていく。理想のフォームが見えてくるし、それにどれだけ近づけたかも見えてくる。

# ドレイファス「技術習得における5段階」

| | | | |
|---|---|---|---|
| 守 | 第1ステージ<br>Novice<br>（入門） | 知識を<br>学ぶ | 知識を学ぶ。実践経験はほとんどない。状況に左右されない単純な原則をもとに、行動することができる。想定外のことが起きるとパニックになり、現実の問題に対処できなくなる。 |
| | 第2ステージ<br>Advanced<br>（実践） | 自ら<br>実践<br>する | 学んだ知識をもとに自分ごととして行動する。次第に応用が効くようになる。原則をベースに独力で行動できるようになるが、問題の対処には手こずる。散在した情報を体系的に理解しておらず、全体像を把握するには至っていない。 |
| | 第3ステージ<br>Competent<br>（自立） | 問題<br>解決<br>できる | 全体像を把握できるようになる。ただし何を優先すべきか悩むことが多い。知識が体系化されてくる。問題を発見し、解決することができるようになる。臨機応変な対応が可能となり、チーム内で指導力があると判断される。 |
| 破 | 第4ステージ<br>Proficient<br>（熟練） | 自己<br>変容<br>できる | 十分な経験と判断力を備え、安定的に行動できるようになる。困難な状況でも諦めず、打破する方法を独自に考え出し、実行する。体系化された知識に基づき、自己を改善できるようになる。進化が加速する。 |
| 離 | 第5ステージ<br>Expert<br>（達人） | 直感で<br>動く | 膨大な経験をもとに最善の行動ができる。絶えず、よりよい方法を模索する。転ばぬ先の杖を得る。意識することなく、問題を未然に防ぐことができる。本質に重要な部分と関係のない部分を、直感的に識別することができる。 |

> 自分の熟練技術は何か

> 「破」「離」の域にある技術があれば、それは大きな強みになる

参考：Stuart E. Dreyfus著『The Five-Stage Model of Adult Skill Acquisition』

　1つのことでも第4ステージ、第5ステージを目指していくと、自分の中でとても大きな強みとなり、起業のコアに育っていくのだ。

　長く生きていれば、どんな人にも熟練段階の技術はあるはずだ。

『日日是好日―「お茶」が教えてくれた15のしあわせ―』（森下典子 著）という本から、引用して紹介したい。

　世の中には、「すぐにわかるもの」と「すぐにはわからないもの」の二種類がある。すぐにわかるものは、一度通り過ぎればそれでいい。けれど、すぐにはわからないものは、フェリーニの『道』のように、

何度か行ったり来たりするうちに、後になって少しずつじわじわとわかりだし、「別もの」に変わっていく。そして、わかるたびに、自分が見ていたのは、全体の中のほんの断片にすぎなかったことに気づく。「お茶」ってそういうものなのだ。

（中略）

　前は、季節には、「暑い季節」と「寒い季節」の二種類しかなかった。それがどんどん細かくなっていった。春は最初にぼけが咲き、梅、桃、それから桜が咲いた。葉桜になったころ、藤の房が香り、満開のつつじが終わると空気がむっとし始め、梅雨のはしりの雨が降る。梅の実がふくらんで、水辺で菖蒲（しょうぶ）が咲き、紫陽花（あじさい）が咲いて、くちなしが甘く匂う。紫陽花が終わると、梅雨も上がって、「さくらんぼ」や「桃の実」が出回る。季節は折り重なるようにやってきて、空白というものがなかった。

（中略）

　どしゃぶりの日だった。雨の音にひたすら聴き入っていると、突然、部屋が消えたような気がした。私はどしゃぶりの中にいた。雨を聴くうちに、やがて私が雨そのものになって、先生の家の庭木に降っていた。（「生きてる」って、こういうことだったのか！）ザワザワッと鳥肌が立った。お茶を続けているうち、そんな瞬間が、定額預金の満期のように時々やってきた。

（中略）

　自分でも気づかないうちに、一滴一滴、コップに水がたまっていたのだ。コップがいっぱいになるまでは、なんの変化も起こらない。やがていっぱいになって、表面張力で盛り上がった水面に、ある日ある時、均衡をやぶる一滴が落ちる。そのとたん、一気に水がコップの縁（ふち）を流れ落ちたのだ。

1つのことを地道に続けることで、それまで見えなかった世界が見えてくる。そんな継続の偉大な力がわかりやすく表現されている。

## アイデア発想のマンダラートをつくる

自分の強みがつかめてきたら、セルフ・コンコーダント・ゴールを書き留めておいたマンダラートに書き出そう。

マンダラート中央にあるセルフ・コンコーダント・ゴールの周り8マスに、技能や人脈など自分の強みを書き込む。これで中央の9マスが完成する。ポイントは、できるだけ具体的に記入することだ。

[ 　　　　　　**【個人】アイデア発想マンダラートの例** 　　　　　　 ]

**事業のコアとなりうる「自分の強み」を、最大で8個書き出そう**

| | | |
|---|---|---|
| いい組織を<br>つくる技術 | いい事業を<br>つくる技術 | 意識の高い社会人<br>1000人とのつながり |
| 高品質な書籍や<br>ブログを書く技術 | 心に太陽を持って生きたい。<br>人の笑顔や幸せの起点と<br>なりたい。 | 高品質なスライドを<br>つくる技術 |
| 教授経験で育まれた<br>若い教え子とのつながり | 経営学の体系的な<br>知識と教える技術 | 経営者として多くの<br>修羅場を克服した経験 |

**職業人としての技能**：職業を通じて、多くの時間で磨かれた技能分野。業種知識・職種経験・専門技術や知見など
**生活者としての興味**：職業以外で、多くのお金や時間を消費している興味分野。趣味・資格・研究・学習など
**職業人・生活者としての人脈**：長い人生の中で醸成された、他者との相互信頼の関係性。顧客・パートナー・コミュニティなど

　次に、その8つの強みをそれぞれ中心においた9マスのマンダラート
を、中央の9マスの周囲に作成しよう。

　これで、個人の Why のステップは完了だ。


　それぞれの強みの周りは空欄になっているが、p.70からの What の
ステップの中で、それぞれの強みから考えられるアイデアを8つずつ
埋めていくことになる。

## 周囲のマンダラの中央に「自分の強み」を書きうつそう

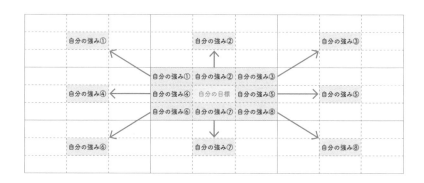

# ［ アイデア発想マンダラート ］

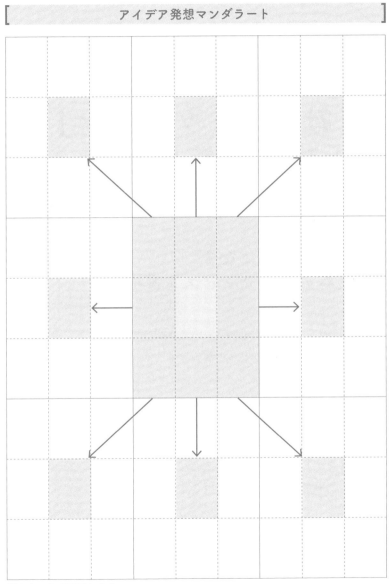

横向きにして活用しよう。

## 1-2

〈Why〉事業のコアを探索する

# 自社の「ミッション」と「強み」を見つける

## 発想の基軸になる既存の製品サービスを選択する

　1-1では個人向けの解説を行ったが、1-2では、自社の「新規事業」を考えたい人向けのプロセスを解説していく。

　法人の場合も最初のステップはWhyの部分、つまり「私たちがその事業を手がける理由は何か？」「自社の強みは何か？」を考えることからスタートする。特に多角経営をしている大企業やさまざまな製品サービスを出している企業であれば、この第1ステップで自社の強みを見極め、事業分野を選択していこう。

　シンプルに1つのことをやっている企業であれば、それが選択すべき事業分野になるため、このステップはショートカットしてもいい。

　もし、あなたという個人が「所属する組織の新規事業」を考える場合は、「**事業発想の基軸**」とする「**既存の製品サービス**」を1つ選定しよう。「事業発想の基軸」とは、該当の製品が持つ技術と顧客を、新規事業のベースとすることだ。

　新規事業がこの製品サービスの延長線上にあるわけではないが、発想の基軸となるものがあると、考えを進めやすくなる。ここでは自分にとって関連性の深い製品サービスを1つ抽出できればOKだ。

　抽出は、次の①〜③のステップで行う。ここで選定した製品サービスのミッションや自社の強みから、新規事業を膨らませていく。

① 自社の事業の中で、自分と何らか関係する事業の製品サービスをすべてリストアップする。

② そのうち、自分と関わりの深い製品サービスを抽出する（このとき、[1] 自分が商品特性や技術を理解しているか、もしくは [2] 自分が顧客の環境やニーズを理解しているか、という2つの視点から自分と関わりの深いものをいくつか抽出するといい）。

③ そのうち、新規事業を考える上で基軸としたい製品サービスを1つに絞る。

**事業分野の抽出方法**

①
自社の事業の中で
自分と何らか関係する
事業の製品サービスを
リストアップする

②
そのうち
自分と関わりの深い
製品サービスを
抽出する

③
そのうち
新規事業を考える上で
基軸としたい
製品サービスを
1つに絞る

(1) 自分が商品特性や技術を理解している製品サービス
or
(2) 自分が顧客の環境やニーズを理解している製品サービス

```
ChatGPT
```

　この段階では、自社の製品サービスがどのような市場にあるのかを捉えておくことが重要だ。直接的に新規事業にはつながらないかもしれないが、全体像を把握することで新しい発見があるかもしれない。

　**市場を客観的に見るために、ChatGPT を利用しよう。**
　例えば、市場について全体を俯瞰して見たい場合、ChatGPT に例のように「MECE にセグメンテーションして」と尋ねればいい。
　また、市場分析をする際、外部環境の分析には5forces（ポーターの5つの競争要因）、内部環境の分析には RBV（リソースベースドビュー）という分析手法を使う。
　ChatGPT があれば、分析方法の名前を入力するだけで代わりに分析してくれる。これを使わない手はないだろう。
　市場における競合状況が知りたければ、ChatGPT に「ブルーオーシャン戦略」で分析してもらおう。

　生成 AI 登場以前は、これらの作業を自分で行う必要があった。環境分析について学び、具体的な分析手法を学び、その上で自ら調査する必要があった。
　このような学習経験は、経営学を包括的に学び、体系的に深く理解するためにはとても大切なプロセスであるが、そこに目的がない場合には、時間がかかりすぎるワークともいえる。

　**ChatGPT は、普通の人が「自分らしい・自社らしい事業」を考える上で、手放すことのできない、どんなに酷使しても疲れない頼りになるあなたの相棒なのだ。**

> **質問例**
>
> ## 日本のビジネス向けオンライン教育市場を、MECE にセグメンテーションして。

▶ **ChatGPT 回答例**

MECE（相互に排他的かつ総体的に包括的）の原則に基づいて、日本のビジネス向けオンライン教育市場を以下のようにセグメンテーション（細分化）します。

**1. 対象産業・業種**
製造業／サービス業／IT・テクノロジー／金融・保険／エネルギー・資源／その他（公共・非営利など）

**2. 研修・教育の内容**
リーダーシップ・マネジメント／スキルアップ（プログラミング、マーケティング等）／コンプライアンス・法務／言語学習（英語、その他外国語）／社内コミュニケーション　〜以下略

> **質問例**
>
> ## 日本のビジネス向けオンライン教育市場を、5forces と RBV で分析して。

▶ **ChatGPT 回答例**

**5forces（ポーターの5つの競争要因）による分析**
競合の状況：日本のビジネス向けオンライン教育市場は急成長しており、多数のプレーヤーが参入している。それゆえ、競争が非常に激しい。
供給者の交渉力：コンテンツ作成に関するツールやプラットフォームは多数存在しているため、供給者の交渉力は低い可能性が高い。
顧客の交渉力：多くの選択肢があるため、顧客の交渉力は高い。価格やサービスの品質が顧客の選択に大きく影響する。
新規参入の脅威：低コストで市場に参入できるため新規参入の脅威は高いが、ブランドや信頼が求められるため、確固たる地位を築くのは容易ではない。
代替品の脅威：オフライン教育プログラムや自己学習の教材など、多くの代替品が　〜以下略

> **質問例**
>
> ## 日本のビジネス向けオンライン教育市場をブルーオーシャン戦略で分析して。

▶ **ChatGPT 回答例**

ブルーオーシャン戦略は、競争の激しさを避け、新しい市場（ブルーオーシャン）で価値と革新を生み出す戦略です。日本のビジネス向けオンライン教育市場をブルーオーシャンの観点から分析します。

**1. 競争要因の特定（Strategy Canvas）**
既存の競争要因：コースの多様性／料金／アクセシビリティ／コンテンツの質／カスタマーサポート／ブランド認知度

**2. ERRC グリッド（取り除く・減らす・増やす・創造する）**
・取り除く：高額な料金設定／煩雑な登録手続き
・減らす：コンテンツの量を適切に減らして質を高める／カスタマーサポートの必要性（例：自動AI サポート導入）　〜以下略

## 発想の基軸になる
## 製品サービスの「ミッション」を考える

　ここからはピックアップした製品サービスのミッションを考えていく。ミッションとは、すなわち社会における存在意義のことだ。これは個人起点でいう、自分の真の目標＝セルフ・コンコーダント・ゴールに該当する。

　自社のミッションがある場合は、それと製品サービスのミッションを関連づけるといいだろう。

　次の問いを使って、ミッションを考えてみよう。

　その製品サービスは……
- どんな価値を届けることで、世界をよりよくするか？
- それによって、誰の笑顔を生み出すだろう？
- その製品サービスの独自性は何か？

　そのミッションを聴くと……
- 関係するメンバーは、誇りや使命感を感じるか？

　多くの世界的な企業も、チャーミングなミッションを掲げている。例えば Google は「世界中の情報を整理し、世界中の人がアクセスできて使えるようにすること」、Amazon であれば「地球上で最もお客様を大切にする企業になること」がミッションだ。

　日本の企業では「クリエイティビティとテクノロジーの力で、世界

を感動で満たす」という Sony、「世界中をカッコよく、世界中に笑顔を」という ZOZO、「日本の観光をヤバくする」を掲げる星野リゾートなどのミッションも印象的だ。

　こういったワクワクするミッションがあると、発想が飛躍していくだろう。

### ChatGPT

　製品サービスのミッションを考えるのは、とても時間がかかる。ChatGPT に叩き台を出してもらえば、そこから考えが広がるはずだ。

---

**質問例**
日本のビジネス向けオンライン教育市場で、独自性を持ったビジネスを展開したい。シンプルでワクワクする、子どもでもわかるミッションを4つ考えて。

▶**ChatGPT 回答例**

日本のビジネス向けオンライン教育市場において独自性を持ったビジネスを展開するための、シンプルでわかりやすいミッションステートメントを4つ考えます。これらのミッションは、誰もが簡単に理解でき、ワクワクするようなものを目指します。

**「あなたの夢を現実に！一歩一歩、一緒に進もう！」**
意味：目標に対して段階的なアプローチを提供し、実現への手助けをします。
**「毎日5分、未来のヒーローへの階段を上ろう！」**
意味：少しずつでも毎日学ぶことで、将来何か大きなことを成し遂げられる人になれると信じています。
**「問題解決は魔法じゃない、あなたの力だ！」**
意味：教育を通じて問題解決のスキルを高め、それが自分自身の力であると認識できるようにします。
**「世界を変えるのは、学ぶ喜びを知ったあなただ！」**
意味：学ぶ楽しさを知った人が、積極的に行動を起こし、社会や世界に良い影響を与えられるという考えに基づいています。

これらのシンプルでわかりやすいミッションステートメントは、従業員だけでなく顧客にも響き、ビジネスに独自性を与えるでしょう。

# アイデア発想マンダラートで 製品サービスの「強み」を考える

　法人の新規事業を考えるのにも、p.61のマンダラートを使う。決まった型はないので、自分が考えるミッションを中央に書こう。

　次に、自分の強みを考えるときと同じように、製品サービスの強みを「自社の専門知識や技術」と「自社が強みとする顧客」の視点から考え、周囲のマスを埋めていく。
　その製品サービスが持っている専門知識、その事業部が持っている専門知識や技術を強みとして考えてみよう。
　例えばその製品サービスの基礎となるような技術、ノウハウ、実績、ブランドもしくは自社・組織の特徴的な強みは何か、多角的な視点から考えてみるのだ。

　個人の強みでいうと人脈に当たるものが、法人でいうところの顧客だ。自社の既存の顧客はもちろん、既存ではないが自社ブランドが浸透している市場がある場合は、その市場の中でコミュニケーションしやすい潜在的な顧客層も強みとなる。

　また、多角的な経営をしている企業の場合は、別の製品サービスの知識や、それらが持つ顧客も強みとして考えることができるだろう。

　他社にないもの、磨き上げてきたものなどから厳選し、最大8つほど、できれば具体的に書いていこう。

中央のマンダラートのまわりに、自社の強みをそれぞれ中心においたマンダラートを作成できたら、ここのステップは完了だ。

[　【法人】アイデア発想マンダラートの例　]

**新規事業のコアとなりうる「自社の強み」を、最大で8個書き出そう**

| | | |
|---|---|---|
| Z世代<br>コミュニティ | 新規事業の<br>企画経験 | 創造的な<br>場づくり |
| グラレコ<br>サービス | Z世代の力で<br>ビジネスを<br>よりよく | Z世代風<br>動画 |
| 応援団の<br>ような顧客 | （実は）最新の<br>経営知識 | 直近の<br>就活経験 |

**自社の専門知識や技術**：製品サービス提供の基礎となる技術・ノウハウ・実績・ブランドなど自社組織の特徴的な強み
**自社が強みとする顧客**：自社が持つ既存顧客。自社ブランドが浸透している市場など、コミュニケーションしやすい潜在的な顧客層

[　周囲のマンダラの中央に「自社の強み」を書きうつそう　]

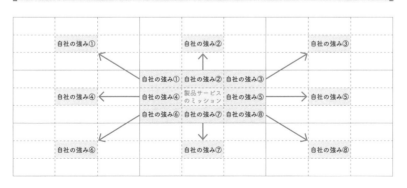

## 2

# 〈What〉
# アイデアを
# ひらめく

## 強みと強みを組み合わせる

　ここからは、Why のステップで考えたセルフ・コンコーダント・ゴールやミッションを意識しつつ、洗い出した強みを組み合わせてアイデアを発想する What のステップに移る。ここから先の What と How のステップは、自分起点でも自社起点でも共通だ。

**ChatGPT**

　自分のマンダラートを見ながら考えることもできるが、ここでは早速 ChatGPT を活用しよう。ここまでに出てきた自分（自社）の強みをもとに、それらを組み合わせるとどんな起業アイデアが考えられるかを聞くのだ。

　強みの組み合わせを変えて聞いてみたり、いろいろと質問を重ねて

みたりすると、別の強みに気づけることもあるので、強みは臨機応変に進化させていくといい。最初につくったマンダラートに沿って、忠実にやり続ける必要は全くない。

　忘れないでほしいのは、自分が心底ワクワクするアイデアを出すことだ。マンダラートの中心に書いたセルフ・コンコーダント・ゴールやミッションを常に意識しながらアイデア発想に取り組む理由は、自分が、自社が、ほんとうにしたいことを見失わないためである。

---

質問例
次のような経験や技術を持っています。これを組み合わせて、どんな起業のアイデアが考えられるか、教えて。
# 強み
いい組織をつくる技術
いいチームをつくる技術
意識の高い社会人1000人とのつながり

▶ ChatGPT 回答例
あなたが持っている「いい組織を作る技術」、「いいチームを作る技術」、そして「意識の高い社会人1000人とのつながり」という強みを活かす起業のアイデアは非常に多岐にわたり得ます。以下にいくつかのアイデアを提案します。
1. エリート・ネットワーキング・プラットフォーム
アイデア：意識の高い社会人を対象とした、厳選されたプロフェッショナルネットワーキングイベントやオンラインプラットフォームを提供。　〜以下略

---

# 破壊的なイノベーションも考えてみよう

　自分らしい事業を考える上で、大きな目標を持つ必要はない。ただし、大きな視点で考えてみると、思考の枠組みが外れて、創造的な発想が生まれやすくなる。

　例えば、Googleがアイデアを発想するときに大切にしている「ムーンショット思考」がある。

　これは「10％増しより10倍増しで考えると大胆なアイデアが出てくる」というもので、イノベーションを生み出すためには、発想の枠組みを大きく変える必要があるのだ。

　そこで、「大きい視点」を持つための知見も学んでおこう。

　既存のビジネスの枠組みを変えるようなアイデアを「破壊的なイノベーション」という。この概念を提唱した米国の経営学者クレイトン・クリステンセンは、破壊的なイノベーションには2つの種類があるとした。

　1つは「ローエンド型 破壊的イノベーション」である。これは、低価格でシンプルな商品により、ローエンド層のユーザーに浸透し、改良を重ね、ハイエンド層のニーズを満たしていくというコスト視点のイノベーションとされる。有名な事例として回転寿司や格安航空会社がある。

　もう1つは「新市場型 破壊的イノベーション」である。新しい価値基準に基づき、全く新しい市場に投入する価値視点のイノベーションのことをいう。こちらの有名な事例には、「部屋から飛び出し、音楽を持ち歩く」という新しい価値を生み出したウォークマンが挙げられる。

　クリステンセンによれば、これらのサービスをひらめくためには次のような視点を持つといい。

## 1.過剰機能：「Good Enough（これで十分）」を探す

特にローエンドのものを考えるとき、「この製品は機能が十分すぎない？　もっとシンプルでいいのでは？」というものを探そう。

特に日本の企業は改善を繰り返して持続していくことが得意だが、あるとき過剰機能に陥りがちだ。こういったものを探し出し、もっとシンプルで良くない？　もっと安くできない？　という視点で既存の製品サービスを見つめてみるのだ。

## 2.無消費顧客：競合企業が「関心がない分野」を探す

大企業は売れている前例があり、かつ一定の規模が見込まれる市場には関心を持つが、そうではない市場には関心を持たない。このような、大企業が関心を持たない分野の市場を探そう。これが破壊的イノベーションを生み出すきっかけになり得る。

このような市場を見つけるには「無消費を生むバリア」を探すことが重要だ。無消費を生むバリアには次の4つがある。

① スキル：専門家のヘルプがないと使えない
② お金：ほしいけれども高くて買えない
③ アクセス：特定の場所や状況でしか使えない
④ 時間：面倒だったり時間がかかりすぎる

バリアが原因で製品サービスを使っていない顧客を「無消費顧客」という。裏を返せば、無消費顧客はこれらのバリアを取り除くことで、その製品サービスを使う可能性が出てくる潜在的な顧客とも言える。

### ChatGPT

破壊的イノベーションも、遠慮なく相棒に聴こう。

---

**質問例**
ビジネス向けオンライン教育市場で「ローエンド型破壊的イノベーション」と「新市場型破壊的イノベーション」を考えて。

**▶ ChatGPT 回答例**

ビジネス向けオンライン教育市場において、「ローエンド型破壊的イノベーション」と「新市場型破壊的イノベーション」は市場に大きな変革をもたらします。
**ローエンド型破壊的イノベーション**
アイデア：「5分教育」
短い時間（5分）で業界に必要なスキルや知識を習得できるマイクロコースを提供。既存の高価格なオンライン教育プラットフォームに対する低価格で手軽な選択肢となる。　〜以下略

---

## 「自分の強み」を組み合わせて 「アイデア」をたくさん創り出す

ChatGPT との対話や自己との対話を通して出てきた強みを組み合わせたことで、いろいろなアイデアが出てきただろう。それらを Why のステップでつくったマンダラートに書き出していこう。このとき、強みとの関連性はそこまで深く考えなくてもいい。また、生煮えのアイデアでも構わない。このタイミングでは、数を多く書き出していくことが大切だ。量から質は生まれてくる。

多くのアイデアを書き出したら、その中でも、特に有望だなと感じるもの、自分がワクワクするものをマークする。印がついたアイデアがいくつかできたら、What のステップは完了だ。

## 出てきたアイデアを強みの周りに書き出そう

| アイデア① | アイデア② | アイデア③ | アイデア① | アイデア② | アイデア③ | アイデア① | アイデア② | アイデア③ |
|---|---|---|---|---|---|---|---|---|
| アイデア④ | 自分の強み① | アイデア⑤ | アイデア④ | 自分の強み② | アイデア⑤ | アイデア④ | 自分の強み③ | アイデア⑤ |
| アイデア⑥ | アイデア⑦ | アイデア⑧ | アイデア⑥ | アイデア⑦ | アイデア⑧ | アイデア⑥ | アイデア⑦ | アイデア⑧ |
| アイデア① | アイデア② | アイデア③ | 自分の強み① | 自分の強み② | 自分の強み③ | アイデア① | アイデア② | アイデア③ |
| アイデア④ | 自分の強み④ | アイデア⑤ | 自分の強み④ | 自分の目標 | 自分の強み⑤ | アイデア④ | 自分の強み⑤ | アイデア⑤ |
| アイデア⑥ | アイデア⑦ | アイデア⑧ | 自分の強み⑥ | 自分の強み⑦ | 自分の強み⑧ | アイデア⑥ | アイデア⑦ | アイデア⑧ |
| アイデア① | アイデア② | アイデア③ | アイデア① | アイデア② | アイデア③ | アイデア① | アイデア② | アイデア③ |
| アイデア④ | 自分の強み⑥ | アイデア⑤ | アイデア④ | 自分の強み⑦ | アイデア⑤ | アイデア④ | 自分の強み⑧ | アイデア⑤ |
| アイデア⑥ | アイデア⑦ | アイデア⑧ | アイデア⑥ | アイデア⑦ | アイデア⑧ | アイデア⑥ | アイデア⑦ | アイデア⑧ |

| チームビルディング コンサルタント | 組織変革者 ネットワーキング プラットフォーム | リーダーシップ アカデミー |
|---|---|---|
| プロフェッショナル メンタリング サービス | 経営学を教える | クライシスマネジメント ソリューション |
| 組織コンサルティング ファーム | 企業文化診断 改善サービス | スタートアップ インキュベーター |

書き出し終わったら、自分が「特にワクワクするアイデア、解決を熱望するアイデア」にマークしよう。

3

# 〈How〉
# 事業アイデアを
# 深掘りする

## "答え"の価値が低下し
## "問い"の価値が高まった

　ここからは「問い」と「対話」でアイデアを深掘りしていく。

　昔は知識そのものに価値があったが、インターネットにより専門知識の消費期限が短くなり、知識の多くはいつでもどこでも手に入るコモディティ（差別化要因のない代替性の高いモノ）となった。

　今、価値が高いのは「答え」より、むしろ「問い」である。良い問いは、無限に広がる人類の集合知に明かりを灯す「懐中電灯」のような役割を果たす。問いかけによって新しい着眼点を得られたり、また集合知の中から新たな気づきを見つけ出していくことができるからだ。

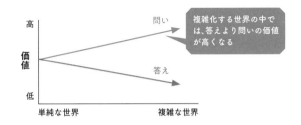

## 創造的な問いで、新しい着眼点を得る方法

　では、良い問い、創造的な問いを生み出すためには、何をどうすればいいのだろうか？　デザイン思考において有名な事例があるので紹介しよう。

　デザイン思考とは、デザイナーやクリエイターが業務で使う思考プロセスのこと。ロジックの積み上げによって1つの正解を追い求めるビジネスパーソンの思考と異なり、正解のない課題や未知の問題に対して、最適な解決を探求するための思考法だ。

　スタンフォード大学 d.school で学んだ GE 医療機器デザイナーのダグ・ディーツは、MRI の機械の前で泣き叫ぶ子どもたちを見て、機器自体を変えることにチャレンジしていたが、それはなかなかうまくかなかった。何をしても、子どもたちは泣いてしまうのだ。しかし、デザイン思考を学んで、今までの常識を変えるべきだと感じ、大きく発想を切り替えた。

　下の写真のように、MRIの周りに別世界をつくり出すことで、この
MRIの体験自体を「未知の世界への冒険」に置き換えてしまったの
だ。

　彼はつまり「機械をデザインすることをやめて、幼い子どもたちの
体験をデザイン」した。

　彼の「新たな着眼点」は「子どもが冒険する感覚で検査を受け入れ
るMRI」というカタチになり、鎮静剤使用を劇的に減らす成果をもた
らした。

　彼がこの発想を得た背景には、「How might we 〜？（HMW：〜して
はどうか？）」という有名なデザイン思考の問いかけ手法がある。

　これは目の前にある課題に対して「こういうふうにしたらどう
か？」を次から次へと問いかけていくことで、発想の切り口を変える
ものだ。

## ［　　子どもが冒険する感覚で検査を受け入れるMRI　　］

「機械に入る」という恐怖を、体験をデザインすることで緩和し、問題視されてい
た子どもの鎮静剤の使用を劇的に減らした

写真:piximus.net

　例えば、地元の国際空港における地上での経験をリデザインするというテーマがあるとしよう。

　そこである課題が発見された。「ゲート前で何時間も待たされている"3歳の子を持つ母親"は、遊び好きでやんちゃな子どもを楽しませたい。なぜならその子が騒がしくすることで、長時間の待機でストレスを感じている同乗者を、さらにイライラさせないようにしたいからだ」

　この課題に対して、HMWを使って問いかけると次のようになる。


● 悪い面を除くとどうなる？

→同乗者と子どもを分けてはどうか？

● いい面を伸ばすとどうなる？

→同乗者を楽しませるために子どものエネルギーをうまく使えないだろうか？

● 前提を疑うとどうなる？

→そもそも空港における待ち時間をすべて取り除くにはどうしたらいいか？

● 真逆を追求するとどうなる？

→待ち時間を旅行における最も刺激的なものにしてはどうか？

空港を子どもたちが行きたくなる場所にするにはどうすればいいか？

● ニーズを分割するとどうなる？

→子どもを楽しませるにはどうすればいい？

母親にゆったりしてもらうには？　同乗者を落ち着かせるには？


　このように、いろいろな角度から、さまざまな問いかけをすることで、今までになかった視点から物事を見ることができるようになり、発想がクリエイティブにジャンプしていくのだ。

新しい着眼点を得るための問いかけは、HMW 以外にもさまざまなものがある。その一部を紹介しておこう。

## アイデア発想のための問い

**HMW**
How might we〜？は、ブレーンストーミングの際に効果的に問題提起を行うためのデザイン思考の質問手法。can／shouldではなくmightなのがポイント。

**オズボーンのチェックリスト**
オズボーンのチェックリストは、米国の実業家A・F・オズボーンが生み出したもの。彼はまたブレーンストーミングの名付け親でもある。アイデアを抽出するための9の視点で構成される。

**SCAMPER法**
SCAMPER法は、創造性開発研究家のボブ・エバールが、A・F・オズボーンが生み出したチェックリストを改善したもの。アイデアを強制的に量産するための48の質問で構成される。

**TRIZ**
TRIZは、ソ連海軍の特許審査官のゲンリッヒ・アルトシュラーが、特許調査を通じて発見した法則を実践的な方法論として築いた理論。技術開発を生み出す40の質問で構成される。

### ChatGPT

これらの手法の名前さえ知っておけば、ChatGPT がそれを活用し、アイデアを深掘りしてくれる。

例えば「経営者向けリーダーシップアカデミー」というアイデアがあるとしよう。それを「SCAMPER 法を用いて特徴あるサービスにしてくれない？」と聞くと、たくさんのアイデアを出してくれるのだ。

ChatGPT を使って、ぜひいろいろな手法を試してみてほしい。

質問例
（壁打ちの続き）これらのアイデアのうち「3. 経営者向けリーダーシップ・アカデミー」について、SCAMPER 法を用いて特徴あるサービスにして。

▶ **ChatGPT 回答例**

SCAMPER 法は創造的な思考を促す一連の質問や手法を提供します。「3. 経営者向けリーダーシップ・アカデミー」に SCAMPER 法を適用してみましょう。

**S（Substitute / 置き換える）**
元のアイデア：リーダーシップと組織運営に関する研修プログラムを提供。置き換える：一般的な研修ではなく、実際のビジネスケーススタディやシミュレーションを用いてリーダーシップを学ぶ。

**C（Combine / 結合する）**
元のアイデア：経営者やマネージャー向け。結合する：経営者だけでなく、　〜以下略

# 新しい価値観を促す視点から、新しい気づきを得る

「マイクロ起業メソッド」では、既存の手法とは別に、幸せ視点をアイデアの中に入れていくためのオリジナルの「視点」も用意した。新しい価値観を促し、新しい気づきを得ることを目的としたものだ。

　新しい価値観に基づくイノベーションを、筆者は「ハッピー・イノベーション」と呼んでいる。

　20世紀型のビジネスで常識とされていた考え方では、利益や効率、規模、完璧さが求められていた。機能価値重視といってもよいだろう。しかし、21世紀の顧客は、それだけでは満足しない。今、僕たちが本当に求めているのは「優しい気持ち、幸せな体験」といった、体験から生まれる情緒価値なのだ。幸せな体験を提供すること。この考え方が、新たなイノベーションのエンジンになる。

　まず、2つほど事例を紹介しよう。

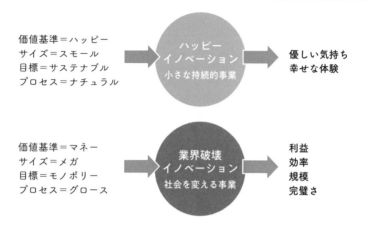

ハッピー・イノベーションの源泉となる"新しい価値観"

価値基準＝ハッピー
サイズ＝スモール
目標＝サステナブル
プロセス＝ナチュラル

ハッピー
イノベーション
小さな持続的事業

優しい気持ち
幸せな体験

価値基準＝マネー
サイズ＝メガ
目標＝モノポリー
プロセス＝グロース

業界破壊
イノベーション
社会を変える事業

利益
効率
規模
完璧さ

**ハッピー・イノベーションの事例①**
## 完璧さから、寛容さへ「注文をまちがえる料理店」

「料理が注文した通りに運ばれてくる」のは、レストランのサービスにおいてあまりにも当たり前のことだろう。この当たり前を逆手にとったのが「注文をまちがえる料理店」だ。ここは、注文を間違えがちな認知症の人が接客するという逆転の発想から生まれた。

発起人の小国士朗さんは、インタビューの中で次のように話す。

「世界的にも認知症っていうのは誤解されているところがあるのかなと思うんですけど、認知症になったら何もできなくなってしまう、時に社会から認知症が隔離されてしまう。そうじゃなくて、認知症の人たちと一緒に普通の暮らしができる、そういった寛容な社会をつくりたいと思っていました」

　WHOの発表では、認知症の患者は世界に3500万人おり、2050年までには1億1500万人に増えるとされている。

「おしゃれでお料理がすごく美味しいけれど、注文を間違えてしまう。でも笑って"ごめんね"と言って"全然いいですよ"って言える、そういうコミュニケーションが一番大事。看板を掲げることで間違えてもまあいっかっていう。認知症があってもなくても心が軽くなるハッピーな空気が生まれたんじゃないかな」

「この料理店の中で起きたことが社会全体に広まったら、誰もが生きやすい社会になるんじゃないかなと思います」

　レストランを利用した37％の人が間違いを経験したが、ほとんどの人が気にならなかったと答えた。そして90％以上の人がまたぜひ行きたいと答えた。「機会があればまた行きたい」という回答も含めれば99％だ。
「完璧さから寛容さへ」という、20世紀の価値観から21世紀の価値観への変容を、たしかに感じられる事例といえるだろう。

### ハッピー・イノベーションの事例②
## 高給から、自己成長の経験へ「Teach for America」

　もう1つはアメリカの事例だ。
　少し前までは、一流の大学を卒業した後は、コンサルティング会社や金融機関など給料の高いところに勤めたいというのが普通の感覚だった。しかし、2000年代に入ってその風向きが変わってきている。

　国内の教育困難地域に2年間常勤講師を赴任させるという、1987年設立の不思議な NPO 法人 Teach for America は、なんと2010年度の就職人気ランキングで Google や Apple を上回る快挙を成し遂げた。もちろん Google や Apple に比べて給料が安いことは言うまでもない。

　この起業アイデアは、創業者のウェンディ・コップ氏が、大学4年生のときにひらめいたもの。彼女は、貧しい子どもたちがよい教育を受けられず、人生の選択肢が限られてしまう米国の教育システムの不十分さについて強い関心と問題意識を持っていた。そして彼女自らが変革の起点となってはじまったのが Teach for America だ。

　彼女の呼びかけが、自分のことにしか関心がないと考えられていた当時の若者の心をつかむ。同じ夢を抱いた仲間たちが次々と合流しはじめ、貧しい地域の学校に劇的な成果をもたらし、多くの若者の人生を変える基盤となったのだ。

　人は「ハッピー」になりたくてサービスを利用する。利益や規模、効率の追求ももちろんいいが、20世紀型の「ビジネスの常識」を離れ、「ワクワクするサービスに関わりたい」という内的な目標に重きをおく人たちが増えてきているのだ。

　新しい価値観を模索するために、以下の10の視点をもとに、自分の事業アイデアにふさわしい価値観を考えてみよう。そこから新しい気づきが生まれるはずだ。

- 報酬のかわりに、自己成長を実感できる
- 報酬のかわりに、信頼しあい、助け合える友ができる

- 社員も顧客も優しく穏やかな気持ちになる
- 完璧主義を手放して、もっと寛容な場をつくる
- 感謝したり、親切にすることで、お互いが幸せを感じる
- 無理なことをやめて、ナチュラルにする
- 競争のかわりに、共創にする
- 仕事を細切れにせず、一貫させることで楽しさや熱中を生む
- 「しなくちゃ」をやめて「したい」だけで仕事を設計する
- みんなで、安心できてワクワクするコミュニティをつくる

> ChatGPT

　大切にしたい価値観を ChatGPT に投げかけて、アイデアを深掘りしてみよう。

---

質問例
「経営者向けリーダーシップ・アカデミー」について、以下のようなことを目指す特徴的なサービスにするためには、どうすればいいか教えて。
# 大切にしたいこと
・受講生がワクワクして学べること
・学びにとどまらず、実践し、習慣化できること

▶ ChatGPT 回答例
「経営者向けリーダーシップ・アカデミー」の特徴的なサービスを作るにあたって、以下のような戦略と手法を考慮できます。
**受講生がワクワクして学べること**
研修内で達成可能な目標やバッジを設定し、学習を楽しくする。
ビデオ、クイズ、シミュレーションなどで、積極的に参加できるようにする。
業界リーダーを招き、実践知識とインスピレーションを得られるようにする。
**学びにとどまらず、実践し、習慣化できること**
終盤で、受講生が自社で直接適用できる小規模なプロジェクトを設計させる。
研修後も定期的にフォローアップし、学びの実践と習慣化をサポートする。
受講生同士で情報交換やサポートを行えるオンラインコミュニティを作り、その場で受講生が実践の成果や課題を共有できるようにする。
これらの要素を組み合わせれば、「経営者向けリーダーシップ・アカデミー」　〜以下略

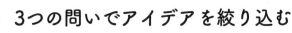

# アイデアを
# 1つに絞る

## 3つの問いでアイデアを絞り込む

　さて、ここまででであなたの中にもさまざまなアイデアが浮かんできたことだろう。

　ここでは、そのアイデアの中で自分が一番ワクワクするもの1つに絞り込んでいこう。

①Why me？　そのアイデアをどうして私がやるのか？
②Why now？　そのアイデアをどうして今やるのか？
③Make happy？　そのアイデアにワクワクするか？

　まずはこの3つの問いに答えて、次のようなマトリクスをつくってみよう。

## 3つの問いからテーマを1つに絞る

①Why me？ どうして私が？ 私の「本当に本当にしたいこと」につながる？「強み」との関係は深い？
②Why now？ どうして今なのか？ 遅すぎない？ 早すぎない？ はじめの顧客は見つけやすい？
③Make happy？ ワクワクする？ それを解決したら顧客がめちゃ喜ぶ？ 困難が立ちはだかっても執念で突き進める？

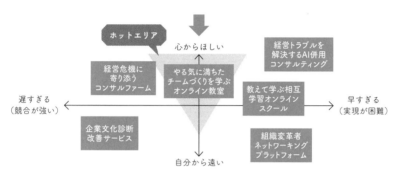

ホットエリア

心からほしい

経営トラブルを
解決するAI併用
コンサルティング

経営危機に
寄り添う
コンサルファーム

やる気に満ちた
チームづくりを学ぶ
オンライン教室

教えて学ぶ相互
学習オンライン
スクール

遅すぎる
（競合が強い）　　　　　　　　　　　　　　　　　　　早すぎる
　　　　　　　　　　　　　　　　　　　　　　　　　（実現が困難）

企業文化診断
改善サービス

組織変革者
ネットワーキング
プラットフォーム

自分から遠い

## ① Why me？ そのアイデアをどうして私がやるのか？

　どうして私が？　それは私の "本当に本当にしたいこと" につながる？ "強み" との関係は深い？　と、今いちど自らに問おう。

　そのアイデアは自分の強みにつながっており、かつ自分が心からしたい、心からほしいと思うものなのかを考えていく。これがマトリクスの縦軸となる。

## ② Why now？ そのアイデアをどうして今やるのか？

　次に、どうして今なのか？　遅すぎない？　早すぎない？　はじめの顧客は見つけやすい？　といった問いかけをしていこう。これがマトリクスの横軸になる。

　ここでの「遅すぎる」というのは、例えば競合が強すぎて参入の余地がゼロに近いものが挙げられる。今から検索エンジンをつくろう！

といっても、Googleが強すぎるし、しかもChatGPTとかも出てきて、本当に意味があるのだろうかと誰もが思うだろう。

　逆に早すぎるというのは、例えば、登場したばかりの高度な技術を使ったサービスである。「AIを使って」みたいな枕詞を入れると万能に聞こえてしまうが、実際に開発するとなると手に負えないほど高額な投資を必要とする可能性がある。ただし「生成AI」については誰にでも使える技術となっており、その見極めが大切になるだろう。

　新しいテクノロジーが出現してから社会においてどのくらいのポジションにいるかを視覚的に示す指標に、ハイプ・サイクルというものがある。黎明期、「過度な期待」のピーク期、幻滅期、啓発期、生産性の安定期という5段階のサイクルで示され、新技術が社会的にどの位置にいるかがわかるようになっている。

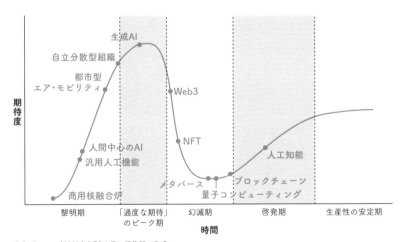

**テクノロジーのハイプ・サイクル（2023年日本版）**

出典：Gartner（2023年8月）を元に編集部で作成

　目安として、黎明期から幻滅期にある技術は、使うには早すぎるだろう。啓発期以降のテクノロジーになってようやく、一般の人が使えるくらい実用化されてくるのだ。

　また、横軸の実現可能性を考える上で、最初の顧客を見つけやすいかどうかも重要だ。自分の周りに顧客になりそうな人はいるか？　顧客を紹介してくれそうな人はいるかという視点を持とう。これらを総合的に検討して、なぜ今、自分がやるのかを考えるのだ。

### ③ Make happy？ そのアイデアにワクワクするか？

　最後に問うのがこれだ。自分がワクワクする？　一緒にやりたい仲間は強い興味を持つ？　この製品サービスができたら顧客はすごく喜んでくれる？　困難が立ちはだかっても不屈の意志を持って突き進める？　こういった問いを、自分にぶつけてみよう。

　アイデアを絞る段階であらためて、自分が本当にやりたいことなのか、心がワクワクするのかに立ち返ろう。こうして、幸せ視点の事業アイデアはできあがっていくのだ。

## Chapter 1
### サマリー

# マイクロ起業キャンバス

アイデアを1つ選んだら、本書オリジナルの「マイクロ起業キャンバス」に記載しておこう。

これはビジネスの構造を可視化して分析するツール「ビジネスモデル・キャンバス」につなげるために、0to1からCPF（顧客課題フィット）までで考えたことをまとめるためのワークシートだ。

Chapter1と2でこのマイクロ起業キャンバスを完成させ、Chapte3でビジネスモデル・キャンバスに集約させる。
そのビジネスモデル・キャンバスをもとにして、最後のChapter4で事業の実践段階に入るという流れになっている。

Chapter1では、「解決アイデア」と「顧客セグメント」の欄を埋めよう。
ただし、顧客についての深い考察は次のChapter2で行うため、顧客セグメントの欄は、Chapter1でつくったアイデアを必要としている人のことを想像して、簡単に書いておくだけでいい。

また、解決アイデアも顧客セグメントも、あまり細かく書く必要はない。簡単な1つの言葉でまとめておくことが望ましい。

事例も掲載しているので、参考にしながら書き込んでみよう。

ここでは「解決アイデア」と想定する「顧客セグメント」を埋めよう。

| Alternative Products (代替品) | Product Problem (代替品の問題点) | Solution Idea (解決アイデア) | Customer Problem (顧客の課題) | Customer Segments (顧客セグメント) |
|---|---|---|---|---|
| | | | Customer Insight (顧客のインサイト) | |

### 【Chapter1で埋める要素】

- 解決アイデア：心からやりたいと思える事業アイデア。
- 顧客セグメント：特定の特性やニーズを共有する顧客のグループ。
  アイデアを求めていると思われる顧客像。

### 【Chapter2で埋める要素】

- 代替品：同じニーズを満たすことができる異なる製品やサービス。
- 代替品の問題点：その代替品では解決できない課題のこと。
- 顧客の課題：顧客が解決したいと自覚している課題。
- 顧客のインサイト：顧客が自覚していない潜在的な課題。

### 例

| Alternative Products (代替品) | Product Problem (代替品の問題点) | Solution Idea (解決アイデア) | Customer Problem (顧客の課題) | Customer Segments (顧客セグメント) |
|---|---|---|---|---|
| | | やる気に満ちたチームづくりを学ぶオンライン教室 | Customer Insight (顧客のインサイト) | 国内で働く管理職や現場のリーダー |

CPF

# 顧客に共感し
# 課題を発見する

マーケティングは、顧客から出発する。
すなわち人間、現実、欲求、価値から出発する。
「われわれは何を売りたいか」ではなく、
「顧客は何を買いたいか」を問うのだ。
—— 現代経営学の父 ピーター・ドラッカー

Chapter1では、「製品サービスのつくり手」である自分自身の立場で、「自分の幸せ」を起点に、自分らしい事業アイデアを考えてきた。

しかし、事業とは「製品サービスの使い手」である顧客が存在して、はじめて成りたつものだ。顧客は自らの課題を解決する感謝として、お金を支払ってくれる。

つまり「自分の幸せ」と「顧客の幸せ」を「製品サービス」でつなぐことで、自分らしい事業が、社会的な存在意義を持つことになるのだ。

Chapter2では、顧客の視点に立ち、その人たちの課題を発見するプロセスを踏んでいく。

Chapter1で出たアイデアは「思いつきのアイデア」であり、まだ顧客視点での検証がされていない。現実世界の中で必要とされているかどうかがわからない、いわば空想の産物だ。

多くのスタートアップはこの時点で制作に移ってしまうことが多いが、顧客が解決したい課題を発見していないうちに製品サービスをつくるので、その多くは空振りし、借金だけが残ることになる。

それを避けるため、少し遠回りに見えても、あなたのアイデアが解決するような課題がはたして世の中に存在しているのか、顧客が本当に解決したいと思う課題なのかを検証していく。

これがCPF（Customer Problem Fit ＝顧客課題フィット）のプロセスだ。詳しくみていこう。

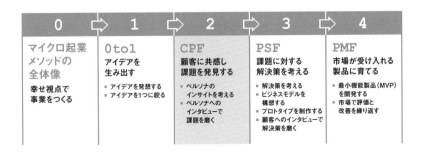

# 1

# ペルソナを考える

## 強い痛みを抱えている人はいるか？

　CPF（顧客課題フィット）の最初のステップではペルソナを考える。ペルソナとはマーケティングでよく使われる用語だが、「**最も重要なユーザーモデル**」と捉えておこう。

　少し前までは、性別、年齢、居住地域、所得、職業、家族構成など人口統計学的な属性で、ユーザーを1つの群として捉えていた。ターゲットとなる見込顧客層を設定し、マーケティング戦略を考えるアプローチだ。

　この手法は、大量に生産し、大量に販売する工業社会においては有効だったが、人々の価値観や行動、つながりが多様化し、コミュニティが複雑になった知識社会においては機能しにくくなってきた。

　また、ユーザーを1つの群として捉えても、人の顔が思い浮かんで

こないので、人間的なユーザー像に迫れない。そのため、ユーザーの心に迫るような価値を提供できるまでに至らないのだ。

そこで重要視されているのが、人の顔を想像でき、脳内で仮想のインタビューができるほど絞りこんだ具体的なユーザー像、ペルソナだ。ペルソナを設定することで得られるメリットをまとめてみよう。

①人間中心、課題中心に物事を考えることができる
②チームで共通の人物像をイメージすることができる
③すべてのニーズに応えるという幻想から抜け出すことができる

人口統計的なデータだけでは、人間中心に物事を考えることができない。より具体的なユーザーを想定することで、その人やその人の抱える課題を中心に考えられるようになる。

また、チームで共通のユーザー像を持てることも重要だ。チーム内でそれぞれが別のユーザー像を想像していたら、話が食い違ってしまう。

人口統計的に「○○エリアの△△のような人たち」とすると、その人たちの多様なニーズに応えるために、標準的で多機能な製品サービスになってしまう。そのため、本当に悩みを持っている人にフィットしない、もしくは過機能な製品サービスになってしまいがちだ。

すべての人のニーズに応える必要はない。むしろ限定されたニーズだが、そこには強い痛み（Chapter3で触れるバーニングニーズ）がたしかに存在し、それをなんとか解決したいと思っている人がいることの方が

はるかに重要だ。購買につながる重要なニーズに応えるために、ペルソナを設定するのだ。

　ペルソナの設定において大切なのは、いかにリアリティを持てるかだ。その人の顔が想像でき、仮想のヒアリングができるくらいまで解像度高くペルソナを設定しよう。

　右の表は、ペルソナの解像度を上げるための一般的な項目をリスト化し、例を入れたものだ。ペルソナの基本情報と、課題に分かれている。

　このリストはあくまで参考として、その製品サービスにとって重要な項目に絞って深掘りし、より具体的なペルソナを設定していこう。設定したペルソナに合致する人が自分の知り合いの中にいるようなら、その方をペルソナにしてもいいかもしれない。

　ただ、この項目にすべて合う人だけをユーザーとしてしまうと、インタビューする人が見つからない。詳細に書き出したら、最後にこの項目に合うのはどんな人かを一言でまとめておこう。

　右の例の場合、さまざまな項目から総合的に考えて、「人の問題を解決したい、成長意欲が高い社会人」という一言でペルソナを設定している。

## ペルソナを浮かび上がらせる20の項目

**ペルソナの基本情報**　　　　　　　　　　　　　　　　　　　　（例）

| 01 | 名前 | 架空の名前をつける | 山田太郎 |
|---|---|---|---|
| 02 | 年齢・性別 | ユーザーは何歳なのか、男性か女性か | 40才男性 |
| 03 | 住まい | 都会なのか、田舎なのか、どの都道府県か | 東京都世田谷区 |
| 04 | 家族構成 | どんな家族構成か、同居者はいるか | 家族と同居。子どもは小学校低学年。共働きで、夫婦で子育て |
| 05 | 教育 | どのような学歴・教育を受けたユーザーか | 学習院大学卒 |
| 06 | 趣味 | どんな趣味を持っているか、何に時間を割いているか | 自己啓発。仕事が忙しく、家事もあるので、時間的余裕はあまりない |
| 07 | 食事 | どんな食事スタイルか、朝・昼・夜は食べるか、外食が多いか | コロナ禍が明けても夜のつきあいは減った。関心はリアルに向き始めた |
| 08 | 職業 | どんな職業で働いているか | 大企業勤務。コロナ禍でリモートワークが増えたホワイトワーカー |
| 09 | 肩書き | 役職や肩書きはどんなものがついているか | マーケティング部門の課長。部下10名 |
| 10 | 稼ぎと貯蓄 | 月、年間どれぐらい稼いでいるか | 年収700万円（家庭年収は1200万円）。預貯金は500万円 |
| 11 | お金の価値観 | お金への価値観はどのようなものか 〜 浪費家、節約家、投資家 | 自分への投資意欲、学習意欲が高い |
| 12 | 購買決定権 | 購買の決定権を持っているか、持っていない場合は誰がもっているか | 自己成長への投資に関しては、決定権がある |
| 13 | メディア | テレビ、ラジオ、雑誌、新聞、インターネットの利用はどうか | インターネットがもっとも多い |
| 14 | ネット機器 | 何を利用してネット環境にアクセスするか | 自宅ではPC、移動中はスマホ |
| 15 | SNS | どんなSNSを利用しているか、情報を発信するか、受信のみか | FacebookとLINE。最近は仕事でSlackを使う機会が増えた |

**ペルソナの課題**　　　　　　　　　　　　　　　　　　　　（例）

| 01 | なりたい姿 | （想定した事業アイデアに関連することで）なりたい姿 | 上司に信頼され、部下に慕われ、成果を出したい |
|---|---|---|---|
| 02 | 困っていること | （想定した事業アイデアに関連することで）困っていること | 中間管理職。上下に挟まれて、人の悩みが尽きない |
| 03 | 痛みを感じるとき | どんなときに、とくに強い痛みを感じるか | 上司や部下と対立し、孤立感や不安感を感じるとき |
| 04 | その時の解決策 | その状況をどうクリアしようとするか | 特になし。本を読むぐらい。お酒でストレスを発散する |
| 05 | 課題の価値観 | この課題を解決するにあたっての価値観 | 上司は昭和型。自分はそうなりたくない |

**つまり一言でいうと……** 人の問題を解決したい、成長意欲が高い社会人

# 2

# ペルソナの
# インサイトを考える

## 奥深くに眠るインサイトが
## 事業の成否を握る

　続いて、ペルソナのインサイトを考えていこう。

　インサイトとは、「人々が自覚していない潜在的な欲求」のことだ。インサイトを考える上で参考になる、米国の牛乳にまつわるエピソードを紹介しよう。

　今から約80年前、最も多くミルクを飲んだアメリカ人を調べてみると、戦場に行って胃腸の調子の悪くなった兵士たちであることがわかった。なぜだかわかるだろうか?

　現地で調達できる飲み物がミルクくらいしかなかった?
　ミルクの成分が、胃腸の回復に効果的だった?
　それとも、ミルクの成分が、精神的なダメージを和らげた?

　さまざまな分析がされたが、本音を傾聴するデプスインタビューで明らかになったのは、まったく予想外の理由だった。

　戦地で病気になり、心細くなった兵士たちにとってミルクは「温かい家族のだんらんや優しい母親」を思い出させるものだったのだ。

　**つまり彼らは、戦場で「ミルクそのもの」を求めていたのではなく、ミルクが想起させる「家庭のぬくもり」を欲していた。**

　この家庭のぬくもりが、兵士たちが自覚していない潜在的な欲求＝インサイトだ。

　しかし、兵士たちを集めて「あなたはなぜミルクを飲んでいるのですか？」と商品開発者が質問したとしても、「家族が恋しいから」という答えは返ってこないだろう。このことから、次の2点がわかる。

① つくる人は、買った人の心を、実は理解していない
② 買った人も、実は、自分が買う理由を意識していない

　このようなことは、実は日常的に起きている。

　例えば、なぜ、あなたはコンビニに立ち寄ったのか（暗い夜道を歩いていた時に明るさに惹かれて）、なぜ、そこであなたはドリンクを手にとったのか（目に入りやすいところに棚があって）、なぜ、あなたはその製品を買ったのか（パッケージの色に惹かれて）など、動機を意識せずにモノを買うことはよくあるだろう。特に低関与商材（消費者の思考が購買にあまり関与しない商材）の場合には、頻繁に起きることだ。

　このように「本人も自覚していない、潜在意識の中にある欲求」が購買のスイッチとなっていることは多い。スイッチは心の奥底にある

が、実は人々の行動に大きな影響を与えている。

　人のニーズを氷山で表すと、海面から突き出ている部分が顕在ニーズだ。これは「会話や行動」に現れるので、観察すれば見つけることができる。会話や行動の背景には「思考や感情」があるが、これらは顧客に共感し、話を聴くことで捉えられる。

　しかし、ミルクの例のような「家族が恋しい」というインサイトは、感情の奥深くに眠っているものなので、注意深く洞察（insight）しないと発見するのは難しい。だから「インサイト」と呼ばれているのだ。

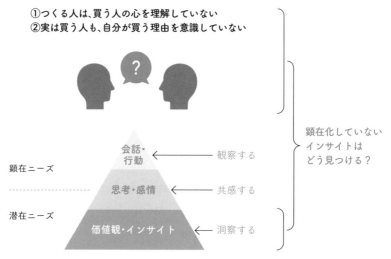

インサイトとは、"人々が自覚していない、潜在的な欲求"

①つくる人は、買う人の心を理解していない
②実は買う人も、自分が買う理由を意識していない

顕在化していない
インサイトは
どう見つける？

顕在ニーズ

会話・行動　←　観察する

思考・感情　←　共感する

潜在ニーズ

価値観・インサイト　←　洞察する

出典：スタンフォード大学d.school『デザイン思考家が知っておくべき39のメソッド』

スタンフォード大学d.schoolが書いた『デザイン思考家が知っておくべき39のメソッド』の中に、こんなことが書かれている。

物事の本質であるインサイトを得るには、人々の価値観に基づく根源的な欲求へ迫ることが求められる。

探求するイメージとしては、深い海の中に飛び込み、海底に向かって潜っていくような状態だ。相手が生活する上で大事にしていることや、他の人と比べて優先順位を高く置いているようなものがあるとしたら、それはどのようなものだろう？　深く潜り込んでいくことで「本人はまだ気づいていないけれど、強く感情が動く本質的な欲求」に近づくことができる。無意識の欲求を探る中で、イノベーションへのヒントが見つかるだろう。

## インサイトの見つけ方

インサイトを発見するためのワークシートを次のページに用意した。「会話」「行動」「思考」「感情」の4つの項目を埋め、そこから「インサイト」を発掘していくという仕組みだ。

ペルソナは何を話し、どんな行動をし、何を考え、何を感じているだろうか？　そこからはどのようなインサイトが導き出せるだろうか？

それぞれの項目について、参考までに例を記しておこう。

## [ 「会話」「行動」「思考」「感情」を深掘りし、インサイトを見つける ]

（例）

[ 会話 ] どんなことを話してる？
（上司に）景気は悪くないのですが、中堅や若手の退職が多く、人手不足が深刻で、予算には未達です。ギャップを埋めるアクションプランを早急に考えます。（部下に）あの仕事の進捗はどうなってる？人手が足りない。なんとしても締めに間に合わせないと。それと、他に売上を伸ばす施策はないか、考えてくれないか？

[ 行動 ] どんな行動をしてる？
人の悩みが絶えないが、仕事の話なので家族にも話せず1人で悶々と悩んでいる。インターネットや書籍などで、たまに経営やリーダーのメソッドなどを読んだりするが、断片的知識なので実践には移せない。MBA にも興味はあるがお金と時間が厳しい。

[ 思考 ] 何を考えてる？
コロナ禍以降、上司や部下との交流や対話が減り、精神的な距離を感じることが多い。パワハラ研修もさかんになり、どんなコミュニケーションをすべきか迷うことが多い。特に新人は指示待ちで何を考えてるのかわからないし、退職しないか心配だ。上からは数字達成の指示ばかりで、相談にのってもらえる人がいない。このままでは組織の中で評価されず、将来が見えなくなる。

[ 感情 ] 何を感じてる？
孤独感が強い。上下に挟まれて、解決策も見つからず、つらい。なんとかしたいが、方法が見つからない。部下が指示に従わず腹がたつ。上司も無茶な指示が多く、信頼できない。

[ インサイト ] 思考や感情の奥にある、潜在的な欲求
人が思う通りに動いてくれない。人間関係の悩みが大半だ。解決策も相談相手もない。現状をなんとか打開したい。

[ 会話 ] どんなことを話してる？

[ 思考 ] 何を考えてる？

[ 行動 ] どんな行動をしてる？

[ 感情 ] 何を感じてる？

[ インサイト ] 思考や感情の奥にある、潜在的な欲求

## ChatGPT

　このシーンでも ChatGPT が味方になってくれる。

　まず ChatGPT に役割を与え「悩みからインサイトを教えて」と質問しよう。

　ストレートな正解が出てくるわけではない点に注意してほしいが、対話を重ねることで、ペルソナへの理解が深まり、インサイトの発見につながっていく。ぜひ参考にしてほしい。

---

**質問例**

あなたは人の問題を解決したい成長意欲が高い社会人です。特にコロナ禍以降、リーダーとしての悩みが多いと感じています。あなたのインサイトを教えて。

▶ChatGPT 回答例

**インサイト:**

成長の渇望とリーダーシップの葛藤：高い成長意欲を持っているが、それが時に自分自身やチームにプレッシャーをかけてしまい、逆にパフォーマンスを落としてしまう可能性がある。

不確実性との戦い：コロナ以降、業績や仕事の安定性に対する不安が高まっている。その中で、チームのモチベーションを維持し、成績を上げなければならないプレッシャーがある。

新しい働き方への適応：リモートワーク、フレキシブルワーク、オフィスとのハイブリッドなど、新しい働き方への適応が求められる中で、その方法論やベストプラクティスが不明確。

心理的安全性の確立：コロナ以降、メンタルヘルスの問題が顕在化している。チームメンバーが安心して働ける環境をどう作るかが、大きな課題となっている。

デジタルコミュニケーションの限界：オンラインでのコミュニケーションでは、非言語的な要素が失われ、人間関係の構築や深化が難しくなっている。

**ソリューションに求めること:**

実践的な知識とスキル：抽象的な理論より、すぐに使えるスキルを学びたい。

ピアレビューとフィードバック：同じような立場の人たちと情報交換や相談ができる場が欲しい。　〜以下略

---

## 3

# インサイトを満たす 代替品を探す

## 代替品の問題点を考える

　インサイトがわかってきたら、そのインサイトを満たす代替品を洗い出そう。

　成熟した社会においては、見つけたインサイトを解決する手段はすでに何かしら存在しているのが当たり前なのだ。

　代替品が見つかるとがっかりする人もいるだろうが、その必要は全くない。逆に、前向きに捉えることができる。

　なぜなら、**代替品が存在することはすなわち、そこの市場が生きていることの証だからだ**。市場が存在し、そこでサービスをつくっている人たちがいるという現実は非常に大きい。

　ただし、ものすごく強力な代替品がある場合は参入が難しいかもし

れない。例えば、あなたが LINE のようなメッセンジャーアプリをつくりたいと考えたとしても、すでに現実世界には LINE がある。LINE のような知名度やシェアが高く、かつ、ユーザー数が多いこと自体が価値になるような製品サービス（ネットワーク外部性が働く製品サービス）の場合は、後発のサービスが逆転することは非常に難しい。

　そうはいっても、多くの場合心配はいらない。代替品は存在するものの、そこまで強いものでないケースの方が多いからだ。

　その代替品がうまくいっていてもいなくても、あなたはそのサービスを実際に利用し、なぜうまくいっているのか、なぜうまくいっていないのかを考えてみよう。何かしらアイデアが見えてくるはずだ。

## 代替品の探し方

　代替品を探す手順をまとめておこう。

### ① 代替品をリストアップし、その問題点を考える

　直接的な競合は英語圏も含めて検索する。また、異なる商品分野でも、インサイトを満たすという意味で競合するものはリストアップしよう。その上で、その代替品の「問題点」を考える。

### ② 国内に強力な代替品がすでにある場合

　見つけた代替品の知名度やシェアがすでに高い場合、その代替品では解決できない、よりニッチで具体的な課題を発見する。難しければ、ピボット（方向転換）を検討しよう。

③ **国内にマイナーな代替品がある、ないし海外に代替品がある場合**

　問題なし。むしろ前向きに捉えたい。その製品サービスをプロトタイプ（試作品）として考えること。可能であれば使用してみて、解決策の設計に活かそう。

　例えば、「人が思う通りに動いてくれずに悩んでいる。解決策もなければ相談相手もいない。この現状をなんとか打開したい」という中間管理職のインサイトを発見したとする。そのインサイトを解決するための代替品には、以下のようなものが考えられる。

- MBA などの経営スクールに通う（高いし、時間的余裕もない）
- 社内研修に参加する（学んでもピンとこない。古い。実践的ではない）
- ビジネス書やハーバード・ビジネス・レビューで学ぶ（積ん読になる）
- 社外研修やイベントに参加する（断片的。高いわりに実践できない）
- 社内外の友人に相談したり飲みに行ったり（解決策までたどり着かない）

　このように代替品を思いつく限り書き出すと同時に、それぞれについての（　）に書いたような問題点をピックアップしていくのである。

> **ChatGPT**

　代替品の探索やその問題点、海外事例などのリサーチについても ChatGPT が使える。
　どんどん質問して、代替品を深掘りしよう。

**質問例**

（壁打ちの続き）そのようなインサイトを満たす代替品を教えて。

▶ ChatGPT 回答例

このペルソナが抱えるインサイトとニーズに対応する代替品（Alternative Solutions）には以下のようなものが考えられます：

プロフェッショナルコーチング：個々の課題に対してパーソナライズされたアドバイスやガイダンスを提供。ただし、費用が高い場合が多い。

オンラインコース：Udemy、Coursera などのプラットフォームでリーダーシップやチームビルディングに関するコースを受講。柔軟な時間で学べるが、ピアレビューなどの対話要素が少ない。

本やオーディオブック：「7つの習慣」や「ダレ・トゥ・リード（Dare to Lead）」など、リーダーシップに関する本で自己啓発を図る。しかし、即時性や独自の問題に対する解決策は限定的。

ウェビナーやセミナー：専門家が講演するウェビナーやセミナーに参加して、新しい知識やスキルを学ぶ。時間と場所が固定されている場合が多く、参加するのが難しい場合も。　～以下略

**質問例**

職場の人間関係を円滑にし、エンゲージメントを高めるための研修サービスを探しています。米国やヨーロッパでの成功事例を教えて。

▶ ChatGPT 回答例

**Dale Carnegie Training**
コミュニケーション、リーダーシップ、セールス、顧客サービス等の研修を提供。多くの企業が従業員のスキルとエンゲージメント向上がみられたと報告。

**Gallup's StrengthsFinder**
個々の長所と短所を理解し、チームビルディングに活用する。各個人の長所を活かす文化が作られ、エンゲージメントと生産性の向上が報告された。

**Great Place to Work Institute**
企業文化の評価と改善を支援。「働きがいのある会社」ランキングに多くの企業が名を連ね、エンゲージメントの向上が報告された。　～以下略

**質問例**

逆に失敗事例もいくつか教えて。

▶ ChatGPT 回答例

研修サービスに関する失敗事例は公にされることが少ないですが、一般的な失敗の傾向には以下のようなものがあります。

**1. 一方的なコンテンツ配信**
問題点：研修が講義形式でインタラクションがなく、従業員が消極的になる。
結果：エンゲージメントが低く、研修の内容が実践に移されない。

**2. 費用対効果の不一致**
問題点：高額な研修サービスを導入したが、その価値が見い出せない。
結果：予算の無駄になり、研修プログラムが縮小される可能性がある。

**3. 適切なフォローアップがない**
問題点：研修後のサポートやフォローアップが不十分。　～以下略

# 代替品と比較して
# 絶妙なポジションを探す

　代替品をいろいろと見つけてきたら、代替品のポジショニングを考えて、自分のアイデアの独自性を浮かび上がらせよう。

　購買決定要因の中でも特に重要な2つをピックアップし、縦軸と横軸に設定して考える。このとき、できるだけ競合のいないブルーオーシャンのエリアを探し、狙っていくのが基本だ。

　例えば下の図のように、縦軸をコストの高低、横軸を理論と実践に設定し、それぞれの代替品を適当な場所に置いてみると、狙うべきポジションが見えてくるかもしれない。

[ 　購買決定要因をもとに、代替品のポジショニングを考えよう 　]

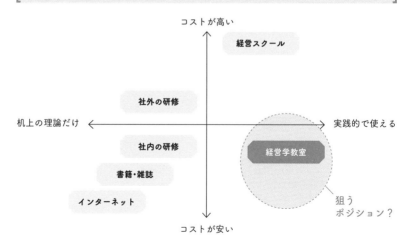

## ChatGPT

　あくまでこのプロセスでは、製品サービスを磨いていくというよりも、顧客のインサイト、購買決定要因について知ることが目的だ。

　次の例のように ChatGPT は表形式でも答えを出してくれるので、うまく活用してみよう。

---

**質問例**

（壁打ちの続き）このペルソナの購買決定要因をもとに、代替品のポジショニングを考えて、表形式で教えて。

▶ChatGPT 回答例

このペルソナが成長意欲が高く、リーダーとしての悩みを解決したいと考えている点を基に、購買決定要因は以下のようになるかと考えられます：
効果性：ペルソナは即効性と効果を重視する。
費用効果：価格が高くても、その価値の明確さを重視する。
柔軟性：在宅やリモートが増えた影響で、時間や場所に柔軟な解決策を好む。
信頼性：専門家や他リーダーの推薦、レビューが良いものを選ぶ傾向がある。
持続性：一過性ではなく、継続してスキルを高めることができるものを選ぶ。
この購買決定要因に基づき、代替品のポジショニングを考えます。

| 代替品 | 効果性 | 費用効果 | 柔軟性 | 信頼性 | 持続性 |
|---|---|---|---|---|---|
| コーチング | 高 | 低 | 中 | 高 | 高 |
| オンラインコース | 中 | 高 | 高 | 中 | 中 |
| 本やオーディオブック | 低 | 高 | 高 | 低 | 低 |
| ウェビナーやセミナー | 中 | 中 | 低 | 中 | 中 |
| メンタルヘルスアプリ | 低 | 高 | 高 | 低 | 低 |
| 社内研修 | 中 | 中 | 中 | 高 | 中 |
| LinkedIn Learning | 中 | 高 | 高 | 中 | 中 |
| ネットワーキング | 中 | 低 | 低 | 高 | 高 |
| オフラインリトリート | 高 | 低 | 低 | 高 | 高 |

# CPFインタビューを実施する

## 自分の強みと顧客の困りごとはフィットするか？

　Chapter1では、セルフ・コンコーダント・ゴール（真の目標）を見つけ、次に自分の強みに基づく事業を構想し、そこから製品サービスのアイデアを1つに絞った。

　そしてこの Chapter2ではペルソナを設定し、そのペルソナの課題や悩み、インサイトを考えてきた。

　ここまでのプロセスは主に机上で行う、いわば空想の産物だ。

　ここからは現実の世界に没入したい。ペルソナに近い人、実際に課題を持っている人にインタビューする段階だ。机上で考えたことは本当に正しいのかを、1つずつ確認していく。これを CPF インタビューという。

このタイミングで行うCPFインタビューの目的は「顧客が満足していない隙間＝課題」を見つけることだ。

あくまで課題が重要であり、製品サービス自体を深く考えることが目的ではないことに注意しよう。顧客が満足していない空白の部分、困っている部分が課題であり、これを見つけることがCPF＝顧客課題フィットなのだ。

すでに代替品が存在し、ユーザーがほとんど満足している場合もあれば、**課題はたしかに存在するが、代替品がうまくはまっていない場合もある**。後者のような課題を発見することがポイントだ。

## 自分のアイデアは、「顧客の課題」にフィットするか？

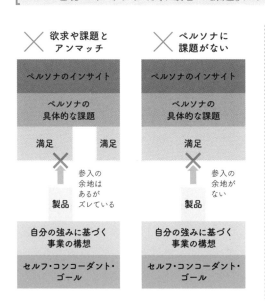

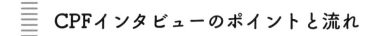

# CPFインタビューのポイントと流れ

インタビューのポイントは、次の3つのリスクを検討することだ。

- 製品リスク：その課題は本当に存在するか？
- 顧客リスク：誰が困っているのか？
- 市場リスク：競合（既存の代替品）は何なのか？

　机上で考えたことが現実にフィットするのかどうかを、インタビューを通じて確かめていく。ステップは次の通りだ。

① 1つのペルソナにつき、5名以上インタビューする
- 対象は「ペルソナを一言であらわしたもの」にあたる人
- 例えば「人の問題を解決したい、成長意欲が高い社会人」

② インタビューによって以下の項目を完了させる
- 実存する課題を特定すること
- アーリーアダプター（初期採用者、最初に買ってくれそうな人）の顧客セグメントを特定すること
- 現在の代替品とその問題点を理解すること

③ インタビュー結果を踏まえて、ピボット（方向転換）を検討する

　実際に話を聞いてみたら、想像していたのと大きく異なるというのはよく起こることで、**むしろ机上と現実が完全にフィットすること**

は、筆者の経験上、ほとんどないと言っていい。

　それは「このまま製品サービスをつくってもきっと売れないよ」というサインであり、それを事前にノーコストで察知できたことに感謝しよう。その上で、顧客の欲求や課題はどこにあるのかがわかるまで、粘り強くチャレンジしよう。きっとプライスレスな発見があるはずだ。

　インタビューから新たな発見があり、ピボット（方向転換）を決めた場合は、手間に思うかもしれないが、立ち戻って②を完了させよう。製品サービスを開発してからのピボットがいかに大変でコストがかかるものかは容易に想像できるはずだ。それに比べると、この時点でのピボットははるかにライトだ。丁寧に進めてみよう。

## インタビューする人数の目安

　インタビューする人数は何人くらいが望ましいだろうか？

　Web ユーザビリティの世界有数の専門家であるヤコブ・ニールセンは、時間とコストのかかる「ユーザビリティテスト」においては、5人の投入で80％の問題が抽出できるので、投資効果は5人がベストと発表している。

　このことから、**インタビュー人数は5人程度が望ましい**。15人程度に話を聞けば100％の問題が抽出できるとも言われているが、スピードも大切なので、5人にしっかり話を聞くことをすすめたい。

## インタビューの流れ

インタビューにあまり慣れていないと、緊張してしまうこともあるだろうし、それが伝わると相手も構えてしまうので、良いインタビューにならない可能性もある。次の基本的な流れを把握した上で行うといいだろう。

① 自己紹介
② 活動紹介
③ ラポール（信頼関係）の形成
④ 文脈の解釈
⑤ 感情の探究
⑥ 質問
⑦ お礼とまとめ

まず初めに自己紹介をしよう。前半でお互いが本音で話せるような信頼関係を築けると、その後のインタビューが本当に意味あるものになる。そして文脈を読み、相手の感情を探り、場にフィットした形で質問していく。

ここで一番気をつけたいのは、「解決策に話題を移さず、課題を聞き出すこと」である。**顧客は課題のプロであって、解決策のプロではないからだ。**悩みごとや問題に対してはよくわかっているし、どんな代替品があって、どこが微妙かはわかっているものの、それに対してどういう製品サービスがあるといいのかまではわからないのだ。

このタイミングで解決策について話すと、相手はよくわからないま

ま「いいね」や「違う」と答えることになってしまう。だからこそ、CPF インタビューではあくまでも、課題の発見に目的を絞ろう。

特に、代替品とその問題点についてはできるだけ丁寧に聞いたほうがいい。これを5名に丁寧に行おう。

CPF インタビューのステップを一通り完了した後、つまり5名以上にインタビューをし、実存する課題とアーリーアダプターの顧客セグメントを特定、現在の代替品と問題点を理解し、ピボットを含めて検証をした後であれば、考えている解決策について話題に出してもいいだろう。

## CPFインタビューの流れ

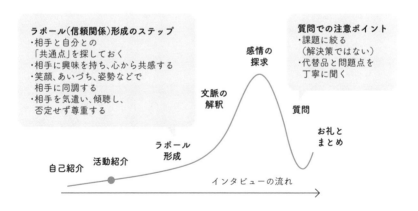

**ラポール（信頼関係）形成のステップ**
・相手と自分との
　「共通点」を探しておく
・相手に興味を持ち、心から共感する
・笑顔、あいづち、姿勢などで
　相手に同調する
・相手を気遣い、傾聴し、
　否定せず尊重する

**質問での注意ポイント**
・課題に絞る
　（解決策ではない）
・代替品と問題点を
　丁寧に聞く

感情の
探求

文脈の
解釈

質問

お礼と
まとめ

ラポール
形成

自己紹介　　活動紹介

インタビューの流れ

## 「Weebly」CPFインタビューの例

米国の Y Combinator というスタートアップ育成企業（シード・アクセラレーター）が運営するスクールが紹介している、Weebly（Web サイト作成サービス）の CPF インタビューの質問例を紹介しよう。

これは Web サイトの立ち上げ時に行ったもので、サイトを開発中の人たちに次のような質問をしている。

①今、○○をしていて、何が一番大変ですか？
②一番最近、その課題に直面したときのことを教えてもらえますか？
③それはなぜ大変なんでしょう？
④その課題を解決しようと思ったことはありますか？　どのような方法を試しましたか？
⑤なぜその解決策ではだめだったんでしょう？　その解決策の問題点はなんでしょう？

> ChatGPT

CPF インタビューで使える質問内容も、ChatGPT に考えてもらおう。それを叩き台にして、最適な質問項目を練り上げてインタビューにあたろう。

質問例

ペルソナと CPF インタビューしたいです。どんな質問が効果的か、教えて。

▶ ChatGPT 回答例

ペルソナと CPF（Customer Problem Fit）に焦点を当てたインタビューで効果的な質問は、そのペルソナが直面している問題、ニーズ、痛みを明らかにするものです。以下にいくつかの質問例を挙げます。

**一般的な背景について**
お名前と職業は何ですか？
どの業界で働いていますか？
現在の職位は何ですか？
何人のチームを管理していますか？

**問題認識とニーズ**
リーダーとして、またはチーム内で直面している主な課題は何ですか？
それらの課題がもたらす具体的な影響は何ですか？
今までにその課題を解決するために何を試してきましたか？
それがうまくいった / いかなかった理由は何ですか？

**既存の解決策について**
現在、どのようなツールやサービスを使用して課題に対処していますか？
それらのツールやサービスの不満点は何ですか？
理想的なソリューションはどのようなものですか？

**感情・社会的側面**
この課題が解決されないと感じると、どのような感情が湧き上がりますか？
チームや組織で課題が解決されたら、どのように評価されると思いますか？　〜以下略

## インタビューする人と信頼関係を築こう

　ソーシャルメディアが当たり前に使われるようになった現在、ユーザーは企業の広告よりも、友人や知人の推薦をはるかに信頼することがわかっている。

　また、製品サービスをわかりやすく伝えてくれるエバンジェリストや、熱い気持ちを込めて応援してくれるロイヤルカスタマーからの推薦や投稿は、共感をともなって広がってゆく。

　1万人の顔の見えない利用者よりも、100人の熱烈なファンとつながることが成功への第一歩となる時代なのだ。

　だからこそ、インタビューする人とは一期一会の気持ちを込めて、出会いに感謝し、相手の視点から見える世界を想像しながら話すことをおすすめしたい。

　商売においては、早い段階でコミュニケーションをとった方がファンになったり、ビジネスパートナーになったりすることがよくある。共創した感覚を持ってもらえるからだ。

　出会った人たちを大切にし、ファンになってもらうことは、自分らしい事業を立ち上げる上で、とても大切なことだ。応援団が1人ずつ増えていくと思えばいいだろう。CPF インタビューのときからこの点について意識し、しっかりとした信頼関係を築いていきたい。

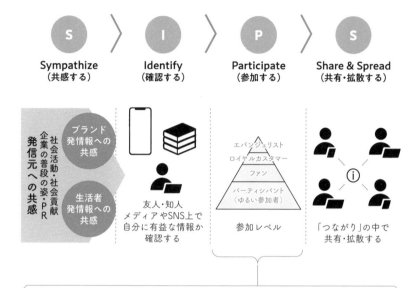

## 共感から拡散の流れは、インタビュー時から意識しよう

**S** Sympathize（共感する）

**I** Identify（確認する）

**P** Participate（参加する）

**S** Share & Spread（共有・拡散する）

発信元への共感
企業の普段の姿・PR
社会活動・社会貢献
ブランド発情報への共感
生活者発情報への共感

友人・知人
メディアやSNS上で
自分に有益な情報か
確認する

エバンジェリスト
ロイヤルカスタマー
ファン
パーティシパント（ゆるい参加者）

参加レベル

「つながり」の中で
共有・拡散する

## 拡散してくれる顧客のタイプ

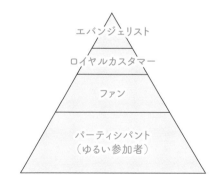

エバンジェリスト
ロイヤルカスタマー
ファン
パーティシパント（ゆるい参加者）

エバンジェリストやロイヤルカスタマーからの
熱烈なリコメンドは、強力な説得力を持つ。

**エバンジェリスト**
・私的に応援サイト、
　コミュニティなどを制作する
・商品や活動を、
　友人を超えて広く推奨する
・新商品アイデアや
　改善アイデアを提案する

**ロイヤルカスタマー**
・商品を継続的に利用する
・商品を友人に推奨する
・改善アイデアを提案する

**ファン**
・商品を利用する
・ソーシャルメディアに
　好意的な投稿をする

**パーティシパント**
・軽い気持ちで「いいね！」する
・キャンペーンに参加する
・アンケートに答えてくれる

出典：サトナオ・オープン・ラボ（電通）『SNSに対応した消費行動モデル～SIPS』

5

# CPFチェック
## 完了条件と評価

## 課題と顧客を特定し、代替品を理解できたか？

　Chapter2の最後は、CPF＝顧客課題フィットができたかどうかチェックしよう。

　CPFインタビューを経て、次の3つのポイントを完了させる必要がある。

①実存する課題を特定する
②初期採用者の顧客セグメントを特定する
③現在の代替品を理解する

　CPFインタビューを終えたら、次の表を参考に、S、A、B、Cで評価付けしてみてほしい。

| | CPFの完了条件 | CPF評価 |
|---|---|---|
| ① 実存する課題を特定する | 顧客が十分に痛みを感じている課題を特定できた。顧客がまだ言語化できていなかった潜在的な課題を発見できた。 | S. 検証を通じて、事業化可能性の高い課題を特定<br>A. 必要十分なインタビューを通じ、課題を特定<br>B. 検証は不足しているが、おおよそ課題を特定<br>C. 検証が不十分で、課題を未特定 |
| ② 初期採用者の顧客セグメントを特定する | 課題に対して賛同してくれない顧客セグメントをはずし、最も強く賛同してくれる顧客セグメントを特定できた。 | A. 必要十分なインタビューを通じ、初期顧客を特定<br>B. 検証は不足しているが、おおよそ初期顧客を特定<br>C. 検証が不十分で、初期顧客を未特定 |
| ③ 現在の代替品を理解する | 顧客が利用する既存の代替品を理解できた。また代替品はどのような問題を持っているかも特定できた。 | A. 必要十分なインタビューを通じ、代替品と問題を特定<br>B. 検証は不足しているが、おおよそ代替品と問題を特定<br>C. 検証が不十分で、代替品と問題を未特定 |

**顧客の課題を磨けたか、チェックしよう**

総合評価　S:①S②A③A　A:①〜③すべてA　B:1つもCがない　C:1つでもCがある

## 各ポイントにおける完了条件

ここでは、評価はあくまで主観で構わない。

まずは、①の「実存する課題を特定する」だ。顧客が十分に痛みを抱えており、解決を熱望している課題を発見できれば、高い評価をつけていいだろう。

言語化できていない課題＝インサイトの発見までできたのであれば、評価は文句なしのSだ。

②の「初期採用者の顧客セグメントを特定する」とは、つまりはペルソナを特定できたかどうかだ。

　具体的には、課題に賛同してくれない顧客セグメントを外し、最も強く賛同してくれる顧客セグメントを特定できたかどうかで評価する。ここではA〜Cの3段階で評価しよう。

　評価の際、例えば5人にインタビューし、「5人中2人しか賛同してくれなかったからダメだ……」と思う必要はない。

　5人のうち2人が強く賛同してくれたことの価値は、高いと考えよう。成熟した社会においては、インタビューした全員に均等に受け入れられる課題は、なかなか残っていないからだ。

　できれば賛同してくれたその2人から人を紹介してもらって、さらに3人にインタビューをし、合計5人くらいに話を聞けると望ましい。このようにして顧客セグメントを絞っていこう。

　③の「現在の代替品を理解する」では、すでに世にある代替品について、ユーザーがどう思っているかを把握できたかどうか、確認しよう。

　さらに、その代替品がどのような問題を持っているか特定できれば、Aと評価していいだろう。

## 総合評価をつけよう

　この3つのポイントが完了できたら、CPFはクリアとなる。それぞれの評価をまとめたら、最後に総合評価をつけてみよう。

　すべてが一番上の評価であれば、顧客が本当に解消したい課題と初期顧客を特定できている上で、顧客が利用する既存の代替品とその問

題点まで特定できていることになる。総合評価はもちろんSだ。

　すべてがAであれば、総合評価もA。1つもCがなければ、総合評価はBである。Cが1つでもあれば、検証が不十分と言えるので、総合評価はCだ。

　総合評価がA以上になってから、次のステップに進むことがのぞましい。

## Chapter 2
### サマリー
# マイクロ起業キャンバス

　Chapter1で「解決アイデア」と「顧客セグメント」を埋めたマイクロ起業キャンバスに、Chapter2で検証した内容を追記しよう。

　「顧客の潜在的な課題＝インサイト」、「顕在化している課題」、「さまざまな代替品」と「代替品の問題点」について書き込み、整理する。
　このプロセスを以て、マイクロ起業キャンバスはいったん完成だ。

　以前に記入した内容でも、顧客の課題を磨く過程で情報が更新されたら、それに応じてブラッシュアップしよう。
　顧客への理解度がCPFを経て格段に増しているはずなので、特に「顧客セグメント」はChapter1のときよりも、解像度が上がっている可能性が高い。

　例に挙げている「やる気に満ちたチームづくりを学ぶオンライン教室」の場合、Chapter1のサマリーで記載した顧客セグメントは「国内で働く管理職や現場のリーダー」だったが、Chapter2のCPFを経て、「人の問題を解決したい、成長意欲が高い社会人」へと進化した。

　マイクロ起業キャンバスを一度埋めたことで満足せず、自分との対話や顧客との対話、ChatGPTとの対話などを日々重ねながら、事業アイデアと顧客像を磨いていこう。

ここでは「顧客の課題」と「インサイト」、「代替品」と「代替品の問題点」を埋め、「顧客セグメント」を適宜更新しよう。

| Alternative Products（代替品） | Product Problem（代替品の問題点） | Solution Idea（解決アイデア） | Customer Problem（顧客の課題） | Customer Segments（顧客セグメント） |
|---|---|---|---|---|
| | | | Customer Insight（顧客のインサイト） | |

## 【Chapter1で埋める要素】

- 解決アイデア：心からやりたいと思える事業アイデア。
- 顧客セグメント：特定の特性やニーズを共有する顧客のグループ。アイデアを求めていると思われる顧客像。

## 【Chapter2で埋める要素】

- 代替品：同じニーズを満たすことができる異なる製品やサービス。
- 代替品の問題点：その代替品では解決できない課題のこと。
- 顧客の課題：顧客が解決したいと自覚している課題。
- 顧客のインサイト：顧客が自覚していない潜在的な課題。

## 例

| Alternative Products（代替品） | Product Problem（代替品の問題点） | Solution Idea（解決アイデア） | Customer Problem（顧客の課題） | Customer Segments（顧客セグメント） |
|---|---|---|---|---|
| ① 経営スクール | ① 高い、時間がかかる | やる気に満ちたチームづくりを学ぶオンライン教室 | 多様な問題を解決していい組織にしたい | 人の問題を解決したい成長意欲が高い社会人 |
| ② 社外研修 | ② 高い、実践的でない | | **Customer Insight（顧客のインサイト）** | |
| ③ 社内研修 | ③ 古い、実践的でない | | 人が思い通りに動かない解決策も相談相手もない | |
| ④ 書籍や雑誌 | ④ 買うだけで読まない | | | |
| ⑤ インターネット | ⑤ 断片的、知識のみ | | | |

# Chapter 3

## PSF

# 課題に対する
# 解決策を考える

製品への愛が成長を生む。その逆はない。
そして、その愛を生むためには、
アハ・モーメントが必要なのだ。
—— グロースハックの発明者 ショーン・エリス

Chapter2では顧客のペルソナを設定し、そのペルソナが抱える課題の発見に取り組んできた。Chapter1で考えたアイデアは、ペルソナの課題を解決する質の良い手段となり得るだろうか？

Chapter3では、「ペルソナの課題」に対する「解決策」について、シンプルさを大切にしながら、具体的に深く考えていく。それが、PSF（Problem Solution Fit ＝課題解決フィット）、つまり解決策を磨く局面だ。

このPSFを考える上でとても大切なことが1つある。

それは「アハ・モーメント」だ。アハ・モーメントとは、製品の有用性やこだわりが顧客に刺さる瞬間のことをいう。

科学的なアプローチで、物質面の追求を重視しているように捉えられがちなシリコンバレーでも、製品サービスに対する驚きや愛着など、エモーショナルな有用性が重要視されるようになった。

ユーザーは多機能には驚かないし、テクノロジーをありがたいとも感じない。むしろ、そっけないほどのシンプルさだったり、思いやこだわりを感じるものだったり、懐かしい温かさを感じるものが好まれたりする。

機能価値は当たり前、情緒価値がものをいう時代なのだ。

だからこそ「アハ・モーメント」を生み出せるかどうかが、製品サービスの成長を大きく左右する。

初めて使ったときの驚き、寄り添うような人間的なサービス、手放せない愛着を感じる瞬間。そんなアハ・モーメントを顧客に提供できるかどうかが、ますます大切になってきているのだ。

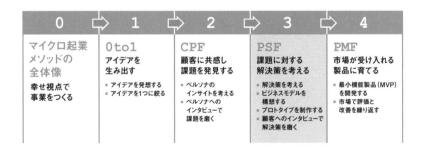

# 1

# 顧客のジョブを
# 考える

## ジョブ理論から考える
## 課題解決のために顧客は何を「雇う」か？

　ここからは、発見した課題の解決策を考える PSF（課題解決フィット）
に入ってゆく。その第一歩として「ジョブ理論」を紹介しよう。
「**特定の状況で発生する、特定の課題を解決するために、顧客は製品
サービスを雇う**」と考えるのがジョブ理論である。

　「ドリルを買う人が、本当にほしいものは何か？」という有名なマー
ケティングの問いがある。

　この問いへの回答は「顧客が欲しているのは、ドリルではなく、そ
のドリルを使って開ける穴の方だ」というものだ。
　よく考えれば当たり前だが、ドリルを買う人は、ドリル自体がほし
くて、コレクションのために購入するわけではない。そして、顧客の

持つ「穴を掘る必要がある」ことがジョブにあたる。

「課題」に「インサイト」、そして「ジョブ」……少し混乱しそうなので、この辺で整理しておこう。定義は人によって変わるが、本書では次のように使い分けている。

▶ 課題
顕在化した問題や悩み（現実の出来事や感情に焦点）

▶ インサイト
潜在的な欲求（深層の購買動機に焦点）

▶ ジョブ
ある特定の状況で人が成し遂げたい進歩（状況と購買行動の関係性に焦点）

[ 課題・インサイト・ジョブの違いは？ ]

中古で購入した家が古い。家族の不満をなんとかしたい

課題
現実

インサイト
深層心理

家庭内で「頼りになる父」として認められたい

子どもに本棚がほしいと言われたとき、頼れる父であることを見せるために日曜大工にチャレンジする

ジョブ
特定の状況と
必要となる行動

ジョブ理論の提唱者でありハーバード・ビジネス・スクール教授のクレイトン・M・クリステンセンの著書『ジョブ理論』から、ミルクシェイクの事例を引用しよう。

あるチェーンで、ミルクシェイクの売上を改善するため、ミルクシェイクの購入者属性を分析し、最も購入している顧客像を明確にした。

次にそれらの属性の人々を集めてパネル調査を行い「もっとドロッとした方がいいのか」「チョコレート味の方がいいのか」などを尋ね、理想のミルクシェイクの味を探り、商品を改良した。しかし驚くべきことに、売上は全く変わらなかった。

続いて別の調査員が店に派遣され、顧客がどういった「ジョブ（片づけるべき用事）」のためにミルクシェイクを雇っているのかを調査した。来店客をひたすら観察すると、朝9時までにミルクシェイクを買う客が大半を占めることがわかった。しかもほとんどがテイクアウトだ。購入理由を聞くと「車での通勤時間が長く退屈なので、車の中で楽しめるものが欲しかった」ということだった。

彼らはベーグルやコーヒーも試したが、車の中を汚すし、長持ちしないのでミルクシェイクに行き着いた。「車での通勤中の暇つぶしになり、小腹を満たすというジョブ」を解決するために「ミルクシェイクを雇った」という予想外の事実が判明したのだ。

この話はここで終わらない。実はこの男性が夕方に子どもと一緒に同じ店を訪れた際には「片づけるべきジョブ」が変わるのだ。子どもにねだられた場合、優しいお父さんを演じるためにミルクシェイクを

買う必要がある。しかし妻から子どもに甘いものを食べさせすぎては
いけないと言われている。この状況でのジョブは「罪悪感を最小限に
しながら、子どもに優しいお父さんと思われることになる」であった。
その結果、雇ったのが小さめのミルクシェイクだったのだ。

ポイントは、同じミルクシェイク、同じ人物であっても、時と状況
によって片付けたいジョブが変わること。インサイトと同様、人口統
計的なデータから購買行動の背景を導き出すことは困難なのだ。

## ジョブを考えると因果関係が発見できる

この事例のように、ジョブを考えることによって、相関関係で
はなく、因果関係を発見できることがポイントだ。

例えば「この商品の購買層はこんな特徴を持っている」という相関
関係は購買データ分析で計測可能だが、それでは「なぜ買ってくれた
のか」がわからず、最善の打ち手を考えることができない。
ジョブ理論では、その人の中で「ジョブ＝片付けたい何か」があっ
て、「それを片付けるために商品を雇っている」と表現する。消費と
は、ジョブを片付けようとして、特定の製品サービスを雇うこと。こ
の考え方によって、購買の因果関係を発見できるのだ。

顧客がどんな「ジョブ」を雇うかは、その人が「置かれた状況」に
よって左右される。また、顧客の欲求によって、ジョブには「機能的
なジョブ」「感情的なジョブ」「社会的なジョブ」の3つの側面がある。

ミルクシェイクの例で考えてみよう。

▶ 置かれた状況
朝、自宅から車を運転して、長い時間かけて会社にいく途中

▶ 機能的なジョブ
小腹がすいたから朝食に何か食べたい。片手で持てて、車を汚さないもの

▶ 感情的なジョブ
長く退屈な通勤時間に、ちょっとした楽しみがほしい

▶ 社会的なジョブ
ミルクシェイクを飲む姿を外で同僚に見られると少し恥ずかしい

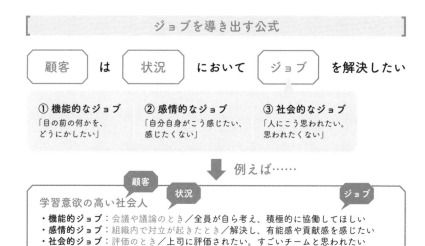

**ジョブを導き出す公式**

顧客 は 状況 において ジョブ を解決したい

① 機能的なジョブ
「目の前の何かを、どうにかしたい」

② 感情的なジョブ
「自分自身がこう感じたい、感じたくない」

③ 社会的なジョブ
「人にこう思われたい。思われたくない」

例えば……

学習意欲の高い社会人　顧客　状況　ジョブ
・機能的ジョブ：会議や議論のとき／全員が自ら考え、積極的に協働してほしい
・感情的ジョブ：組織内で対立が起きたとき／解決し、有能感や貢献感を感じたい
・社会的ジョブ：評価のとき／上司に評価されたい。すごいチームと思われたい
　　　　　　　　日常的に／部下に慕われたい。頼れる上司だと思われたい

出典：クレイトン・M・クリステンセン著『ジョブ理論』

## ChatGPT

ChatGPT を使って、3つの側面のジョブを出してみよう。

**質問例**

（壁打ちの続き）このペルソナの機能的なジョブ、感情的なジョブ、社会的なジョブを教えて。

▶ **ChatGPT 回答例**

**機能的なジョブ（Functional Jobs）**
チームマネジメントのスキル向上：より効率的にチームを管理し、プロジェクトを成功させたいと思っている。
問題解決：複雑な問題や対人関係の問題を解決する方法を知りたい。
効果的なコミュニケーション：チーム内のコミュニケーションを円滑にする方法を探している。

**感情的なジョブ（Emotional Jobs）**
自信の向上：リーダーとして自信を持ち、自分自身とチームに自信を持つことが重要である。
満足感：チームがうまく機能し、プロジェクトが成功した時に感じる達成感や満足感。
安心感：心理的安全性を高め、自分自身もその環境で安心して働きたい。

**社会的なジョブ（Social Jobs）**
リーダーシップの認知：他の同僚や上司からの評価が重要。リーダーとして認められたい。
影響力：自分の意見や考えが組織内で重要視され、影響を持つこと。
帰属感：チームと一体と感じ、自分が価値を提供していると感じること。

これらのジョブを考慮することで、ペルソナが求めているものを理解し、それに適したサービスや製品を提供することができます。ジョブに対応した機能をサービスに組み込むことで、ペルソナの購買決定に影響を与えるでしょう。

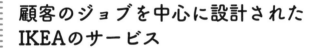

| 0 to 1 | | CPF | | 解決策 | | | | PSF | | PMF |
|---|---|---|---|---|---|---|---|---|---|---|
| 発想 | 絞る | ペルソナ | インタビュー | 解決策 | ビジネスモデル | プロトタイプ | インタビュー | MVP 開発 | 評価と改善 |

## 2

# バリュー
# プロポジションを
# 考える

## 顧客のジョブを中心に設計された
## IKEAのサービス

　顧客のジョブを中心に製品サービスを設計すると、具体的にどんな
違いが生まれてくるのだろうか?

　クリステンセンは書籍の中で、ジョブを中心に設計されたサービス
の好例として IKEA を挙げる。IKEA は顧客の特定のジョブを解決する
ことを中心に、サービス全体を設計しているという。

　IKEA の想定顧客が持つ典型的なジョブは「明日までに新居の家具
を揃える必要がある。明後日からは仕事だから」というものだ。
　このジョブを抱えている顧客は家族で買い物に来ることが多いだろ
う。そのときは子どもの世話が大変なはずだ。だから IKEA は、彼ら
が長く買い物できるように、子どもを遊ばせておける託児エリアを用

意し、子どもたちがいい子にしていたご褒美に、カフェやアイスクリームショップを併設した。

　また、彼らは宅配日を待つような時間的余裕もないことが想像できる。そこで IKEA は、家具を平らに分解してダンボール箱に梱包し、買ったものをそのまま車に積んで持って帰れるようにした。
　さらに、組み立てが心配な顧客のために、シンプルな道具で、家族だけですべての部品を組み立てられる設計を徹底する。

　このように、**IKEA は店舗レイアウトから商品デザイン、包装や梱包までのすべてを顧客のジョブ起点で設計し、それを実現するための組織を築いているのだ。**

　それに対して競合の多くは、顧客を人口統計的（性別、年齢、年収など）に分類し、それを起点にサービスを考え、組織を編成している。
　そのため、IKEA のサービスの一部を真似しても、全体としてうまく機能せず、顧客のジョブを解決できない。競合企業は、IKEA を容易に模倣することができないというわけだ。

　顧客のジョブを核に設計された製品サービスは強い。その好事例が IKEA なのだ。

# 「バリュープロポジション・キャンバス」をつくる

　顧客のジョブ中心に製品サービスを設計していくために、バリュープロポジション・キャンバスを活用して考えよう。

　バリュープロポジションとは、簡単にいうと「顧客に対する価値提案」のことである。これを考えるために、「顧客のジョブ」と「製品サービスの機能」をフィットさせる「バリュープロポジション・キャンバス」をつくっていく。

　Chapter1で漠然とイメージした製品サービスの解像度をぐっと高めるために、顧客のジョブに対してどんな価値を提案できるのかを可視化し、集約することが目的だ。

　バリュープロポジション・キャンバスは、右側に「顧客プロファイル」、左側に「バリューマップ」が入り、以下の項目で構成されている。

【 顧客プロファイル 】
- カスタマージョブ＝顧客の持つジョブ
- ゲイン＝顧客が望む結果や恩恵
- ペイン＝強い痛みを感じる悩み

【 バリューマップ 】
- ゲインクリエイター＝ゲインを生み出す機能
- ペインリリーバー＝ペインを取り除く機能
- プロダクト ＆ サービス＝製品とサービス

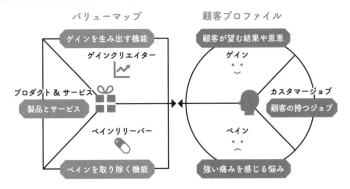

考えた「製品サービス」は顧客に対してどんな価値を提案できる？

出典：アレックス・オスターワルダー著『バリュー・プロポジション・デザイン』

　そして、以下のステップで顧客に提案できる価値を考えていく。

ステップ① 顧客のゲインとペインを考える
ステップ② 顧客プロファイルを優先づける
ステップ③ 顧客のゲインを生み出し、ペインを取り除く
ステップ④ 必要十分な最小機能を特定する

　順番に見ていこう。

## ステップ① 顧客のゲインとペインを考える

　まず、右側の顧客プロファイルを埋めていく。
　前提として、顧客のジョブには p.128「顧客のジョブを考える」で
考え出したジョブを入れておこう。その上で、顧客のゲインを考える
ところからスタートする。

　ゲインとは「顧客の望む結果や恩恵」のことだ。機能面での利便性、費用の削減、ポジティブな感情、社会的な恩恵などが含まれる。

　顧客のゲインは次のような質問から導き出すことができる。

【 顧客のゲインを探る質問 】

- 顧客は何を節約できれば最も喜ぶ？　時間？　お金？　労力？
- 顧客が最も求めているものは？　デザイン？　特定の機能？　保証？
- 顧客はどの水準の品質を期待している？
- 顧客があればより便利と思うもの、負担の少ないものは何？
- 顧客の社会性を助けるものは何？
- 顧客をよく見せるものは何？
- 顧客が成し遂げたいことは何？
- 顧客はどうしたら安心する？
- 顧客にとって、何が失敗で、何が成功？
- 顧客の成果やコストはどのように測られる？
- 顧客はどうしたらあなたの価値提案を取り入れやすくなる？
　コストの低減？　初期投資の低減？　リスクの低減？　品質の向上？

　ペインは「強い痛みを感じる悩み」のことで、望ましくない結果や問題、達成の障害、悪い結果を生むリスクなどが含まれる。

　ペインを見つけるには、次の質問から考えていくことが有効だ。

【 顧客のペインを探る質問 】

- 顧客にとって「コストが高すぎる」とはどんな意味でしょう？
　時間がかかる？　お金がかかる？　相当の努力が必要になる？
- 顧客を嫌な気分にさせるものは何？
- 現在の製品に足りないものは何？

- 顧客をイライラさせる問題点や結果は何？
- 顧客の達成の障害になっているものは何？
- 顧客が恐れている社会的な負の影響は何？
- 顧客が恐れるリスクは何？
- 顧客の一番の心配は何？
- 顧客がよく犯す失敗とはどのようなもの？
- 顧客がこの価値提案を取り入れる妨げとなるものは何？
  高いコスト？　初期投資？　学習の必要性？　その他の障害？

これが完了すると下のような図になる。

**顧客のゲインとペインの例**

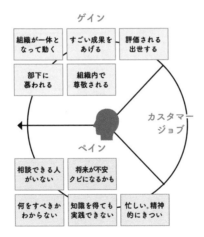

### ChatGPT

　顧客のゲインとペインも、ChatGPT に聞いてみよう。ジョブを伝えれば、叩き台を出してくれる。

---

**質問例**
（壁打ちの続き）このジョブをベースに、ペルソナのゲインとペインを教えて。

▶ **ChatGPT 回答例**

**ゲイン（Gains）**
成果の向上：機能的なスキルを身につけることで、プロジェクトの成功率が上がり、その結果、成果が出やすくなる。
スキルの習得：新しい管理やコミュニケーションの方法を学ぶことで、自分自身のスキルセットが広がる。
自信の向上：感情的なジョブを満たすことで、自信を得られる。
評価と承認：社会的なジョブを果たすことで、組織内での評価が上がり、プロモーションや昇給の可能性が高まる。
心地よい職場環境：社内の心理的安全性が高まることで、より心地よい　～以下略

---

## ステップ② 顧客プロファイルを優先づける

　次に、顧客プロファイルの中で優先づけをしよう。

　ここでは、想定しているペルソナにおいて

①顧客のジョブを「重要性」で順位づけする
②顧客のゲインを「必要性」で順位づけする
③顧客のペインを「深刻さ」で順位づけする

　という3つの順位づけを行い、重要度を明確にしていく。
　ここまでが、顧客を掘り下げたステップだ。

## 顧客プロファイルを順位づけする

ここでは、特に優先度の高いものに★印をつけている。

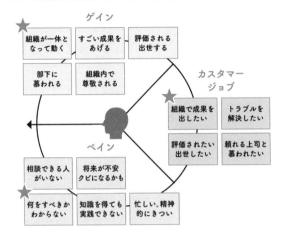

## ステップ③ 顧客のゲインを生み出し、ペインを取り除く

　ここからは、バリュープロポジション・キャンバス左側の「バリューマップ」を埋める。顧客に対してどのような価値を提案し、どんな製品サービスを生み出すかを掘り下げていこう。

　まず、あなたが考えている製品サービスは、顧客が望む結果や恩恵を生み出せるだろうか？
　ゲインクリエイターとは「製品やサービスを通して顧客のゲインを生み出す、具体的な機能や方法」のことだ。これは次のような質問から考えていこう。

【 ゲインクリエイター（機能）を考える質問 】

　　あなたの製品サービスは……

- 顧客の時間・お金・労力の節約になるか？
- 顧客の期待通り、またはそれ以上の成果を生むか？
- 既存製品の価値提案を上回り、顧客に喜びを届けられるか？
- 顧客の仕事や生活を楽にするか？
- 社会的に前向きな影響をもたらすか？
- 顧客の特定の求めに応じられるか？
- 顧客の夢を叶えるか？
- 顧客の成功と失敗の基準にあう前向きな結果を生み出すか？
- 導入しやすく工夫されているか？
- 低コスト、少額の投資、リスクの低減、より良い品質、改善された性能、優れたデザインなどの顧客の要求が叶えられるか？

　　そして、次にその製品サービスが、顧客のペインを取り除けるかを考える。つまり、ペインリリーバーとは「製品やサービスによって顧客のペインを取り除く、具体的な機能や方法」のことである。これは次のような質問から考えてみよう。

【 ペインリリーバー（機能）を考える質問 】

　　あなたの製品サービスは……

- 時間、お金、または労力の節約になるか？
- 顧客の気分を晴らすか？
- 顧客の不満や悩みや頭痛の種を取り除くか？
- 問題あるソリューションが改善されるか？
- 顧客の抱える問題点や課題を処理するか？
- 顧客の恐れる負の社会的影響を取り除くか？

- 顧客のリスクを排除できるか？
- 顧客の安心に役立っているか？
- 顧客の使用上の間違いを減らしたりなくしたりできるか？
- 価値提案の妨げになるものを取り除くか？　費用を減らす？　楽しくする？　学びやすくする？　その他の障害？

　このようにして質問をもとに考えていくと、バリューマップができあがる。

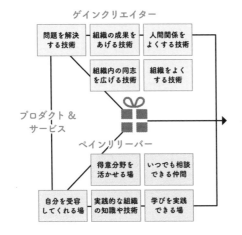

[　　　　　ゲインを生み出し、ペインを取り除く機能の例　　　　　]

ゲインクリエイター

| 問題を解決する技術 | 組織の成果をあげる技術 | 人間関係をよくする技術 |
| 組織内の同志を広げる技術 | 組織をよくする技術 |

プロダクト＆サービス

ペインリリーバー

| 得意分野を活かせる場 | いつでも相談できる仲間 |
| 自分を受容してくれる場 | 実践的な組織の知識や技術 | 学びを実践できる場 |

## ステップ④ 必要十分な最小機能を特定する

　最後のステップは「必要最小機能を特定する」ことだ。洗い出した
ゲインクリエイターとペインリリーバーをもとに、優先順位を考えて
機能を取捨選択する。できるだけ複雑化せず、シンプルにすることが
重要だ。これはマイクロ起業メソッドの根幹にある考え方でもある。

　次の手順で必要最小機能を特定していこう。

①想像できる製品サービスの機能をリストアップする
②順位づけられた「重要なジョブ」と対比する
③順位づけられた「必要なゲイン」と対比する
④順位づけられた「深刻なペイン」と対比する
⑤顧客にとって「必要十分な最小機能」に絞る

　この中でもっとも大切で、優先度をあげたいのは、④深刻なペイン
の解消、それも「バーニングニーズ＝髪の毛に火がついてしまったと
きのように、直ちに消すことが求められる切迫したニーズ」である。
バーニングニーズをすばやく解消できる機能こそ、顧客が最も求めて
おり、すぐにでもお金を出したいと思うものだ。これらを意識しなが
ら、必要十分な機能を絞っていこう。

　例えば今回の事例「やる気に満ちたチームづくりを学ぶオンライン
教室」に当てはめると、次のようにバリュープロポジション・キャン
バスが完成する。

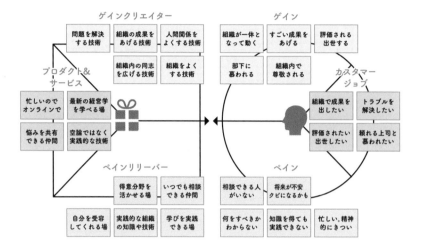

「やる気に満ちたチームづくりを学ぶオンライン教室」の
バリュープロポジション・キャンバス

ゲインクリエイター

問題を解決する技術　組織の成果をあげる技術　人間関係をよくする技術

組織内の同志を広げる技術　組織をよくする技術

プロダクト＆サービス

忙しいのでオンラインで　最新の経営学を学べる場

悩みを共有できる仲間　空論ではなく実践的な技術

ペインリリーバー

得意分野を活かせる場　いつでも相談できる仲間

自分を受容してくれる場　実践的な組織の知識や技術　学びを実践できる場

ゲイン

組織が一体となって動く　すごい成果をあげる　評価される出世する

部下に慕われる　組織内で尊敬される

カスタマージョブ

組織で成果を出したい　トラブルを解決したい

評価されたい出世したい　頼れる上司と慕われたい

ペイン

相談できる人がいない　将来が不安クビになるかも

何をすべきかわからない　知識を得ても実践できない　忙しい。精神的にきつい

## ChatGPT

③と④のステップにも ChatGPT を活用してみよう。

---

**質問例**

（壁打ちの続き）このゲインクリエイターとペインリリーバーを考えた上で、あるべき製品サービス像を教えて。

▶ ChatGPT 回答例

**ゲインクリエイターに対応した要素：**

総合的なリーダーシップコース：チーム管理、プロジェクト管理、コミュニケーション等、全面的にカバーするような教育プログラム。

実践的なケーススタディとシミュレーション：理論だけでなく、現実の問題解決に役立つ練習を提供。

メンタリングとフィードバック：経験豊富なリーダーからの一対一の指導。

成功事例の紹介：成功したリーダーシップの事例を共有、研究する。

コミュニティー機能：同じ課題を持つリーダーたちと情報共有やネットワーキングができるプラットフォーム。　〜以下略

[ バリュープロポジション・キャンバス ]

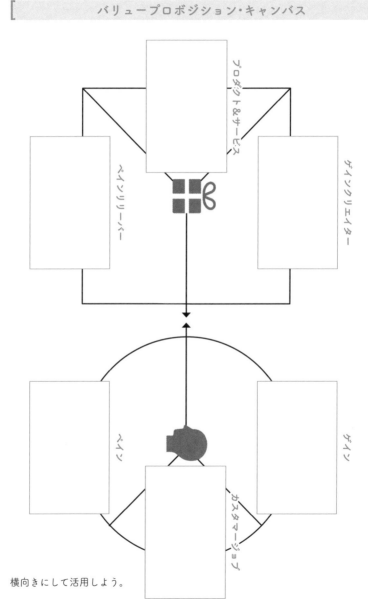

横向きにして活用しよう。

# その製品に顧客は愛を感じるか？
# アハ・モーメントを考える

この Chapter の冒頭で説明したアハ・モーメントについて、このタイミングで考えていくことも非常に大切だ。

アハ・モーメントとは、製品の有用性が顧客に「刺さる」瞬間のことだ。あなたがつくった製品サービスに対して、顧客は感動し、愛着を感じてくれるだろうか？

Y Combinator の創業者ポール・グレアムは、「スタートアップで成功する方法は、ユーザーが本当に愛するものを作ることだ」と言い、スタートアップの大成功例としてあらゆるシーンで取り上げられる Airbnb のグロースチームも「愛が成長を生む。その逆はありえない」という言葉を残している。

マストハブな製品には必ず「アハ・モーメント」があり、この体験がアーリーアダプターをヘビーユーザー、熱狂的なファンに変えてゆく。「アハ・モーメント」があると、顧客は自然と感謝を感じ、使い続け、友人に共有したくなるのである。

特に、世界中で受け入れられている消費者向けの製品サービスには、必ずといっていいほどアハ・モーメントがある。

例えば、顧客と取引できる、世界最大規模のマーケットプレイス eBay のアハ・モーメントは、「国内外の特別な品物を、オークションで見つけて競り落とす瞬間」だ。

Facebook は「友人と写真や近況をかんたんにシェアする体験」、

ファイル共有サービスの Dropbox では、「簡単にファイルを共有し、無制限にストレージを使う体験」がアハ・モーメントといえるだろう。

ペルソナの強い痛み・ペインを解決し、それを嬉しいと思ってもらう。もしくはゲインを生み、それを増やす。

エンターテインメントを提供する製品サービスなら、「うわ！　なにこれ！　これめちゃ面白い！」という反応が得られれば、それが拡散のきっかけとなるだろう。

顧客の事前期待を大きく上回るようなアハ・モーメントを提供できるかどうかを考えるには、顧客のカスタマージャーニーを参考にするといい。

カスタマージャーニーとは、顧客がその製品サービスを認知してから購入に至るまでの一連の体験を旅にたとえたものである。この流れの中の「どのタイミングで、どのようなアハ・モーメントを提供するか」を具体的に考えるのだ。

## ChatGPT

　ペルソナのカスタマージャーニー、そして一連の流れの中で顧客がアハ・モーメントを感じる瞬間はどこなのかを尋ねてみよう。

　得た回答をヒントにして、顧客の心が動く瞬間を捉えてほしい。

---

**質問例**

（壁打ちの続き）このペルソナのカスタマージャーニーを教えて。

▶ **ChatGPT 回答例**

**認知（Awareness）**
問題認識：リーダーとしての悩みやチーム内の課題に気づく。
情報収集：オンライン、書籍、セミナーなどで情報を探し始める。
**考慮（Consideration）**
比較研究：各種リーダーシップ研修プログラムやツールを比較する。
クチコミ調査：ソーシャルメディアやフォーラムでの評価やレビューを調査。
**決定（Decision）**
サービス試用：トライアルプランやデモを使ってサービスを試す。
購入：満足したら、フルプランにアップグレードする。
**実施（Implementation）**
基本コースの選択：必要なスキルや知識に応じて、適切なコースを選択。
学習と実践：コース内容を学び、現場で実践する。　〜以下略

---

**質問例**

このサービスにおいて、ペルソナがアハ・モーメントを感じる瞬間を教えて。

▶ **ChatGPT 回答例**

**アハ・モーメントの瞬間**
初めての成功体験：コースの途中で、新しく学んだリーダーシップのテクニックや戦略を実際の仕事に適用し、その結果ポジティブな成果が出た瞬間。
コミュニティでの共感：オンラインプラットフォームで、他の同じ課題を持つリーダーからのアドバイスや共感を受けた瞬間。
ストレス軽減：ストレスマネジメントツールやテクニックを用いて、実際に自分自身のストレスが減少した瞬間。
心理的安全性の実現：学んだ心理的安全性の促進手法をチームに適用し、その結果コミュニケーションが円滑になったと感じる瞬間。
習慣化の達成：サービスが提供する「習慣化プログラム」を実践して、持続可能な改善が見られた瞬間。
メンタリングの成果：一対一のメンタリングセッション後に、明確な行動計画や自信を持つことができた瞬間。　〜以下略

# 3

# 最適な
# ビジネスモデルを
# 考える

## 代表的な11のビジネスモデルの
## どれに当たるか？

　ここまでくると、だんだんと提供する製品サービスの形が見えてくる。このタイミングで考えるのが「ビジネスモデル」だ。

　新しく事業を考えるときに陥りがちなのが、はじめに数字を求め、仮定するために、最も大切な「顧客視点の体験＝顧客のジョブやアハ・モーメント」を考えることなく「儲け方と収益の予想＝ビジネスモデル」を考えてしまうという間違いである。

　お金に妄想が膨らみ、取らぬ狸の皮算用をしてしまうのだ。特に組織の中で新規事業を考えるとなると、真っ先にエクセルやパワーポイントで事業計画書をつくって、ビジネスモデルをあれこれ考えて……とスタートしてしまいがちだ。

あたりまえだが、顧客視点を無視して売れる製品サービスなど、この時代にはありえない。**ユーザーが本当に痛みを抱えている課題が存在し、それに対してアハ・モーメントを提供できる製品サービスがあって、初めてビジネスモデルを考えることができるのだ。この因果関係を大切にしたい。**

製品サービスが見えてきた今の段階こそ、最適なビジネスモデルを検討するタイミングだ。ただし現時点で想定する事業の仕組みは、あくまで不確実な仮定の上に考える。

実際の商売では、顧客が広まると、想定していなかったネットワークが生まれ、想定していなかった話も舞い込むようになる。あまり神経質にならず、ライトな感覚で取り組みたい。

代表的な11のビジネスモデルを紹介しよう。

① **シンプル物販モデル**（多くのメーカー）

製品サービスを開発・製造し、ユーザーに提供して対価を受け取る

② **小売モデル**（書店・百貨店・コンビニ・楽天市場）

商品をつくらず、仕入れて売る

③ **広告モデル**（雑誌・テレビ局・Google・フリーペーパー）

商品を無料か低価格にし、広告を掲載して広告料を得る

④ **合計モデル**（居酒屋・格安旅行パック・100円ショップ・保険）

消費者を呼ぶ目玉商品を用意し、ついで買いを狙う

⑤ **二次利用モデル**（マンガ単行本・映画DVD・ベストアルバム・復刻版）

商品を再利用して、収益を上げる

⑥ **ライセンスモデル**（辞書アプリ、占いアプリ）

開発済み商品を利用する権利を売買し、二次利用を通じて収益を上げる

⑦ 消耗品モデル（ゼロックス・ネスプレッソ・ジレット）

基本商品の価格は抑え、消耗品やメンテナンスで利益を上げる

⑧ 継続モデル（携帯電話・ファンクラブ・定期購読）

製品やサービスを継続的に使い続けてもらう

⑨ コレクションモデル（お菓子のオマケ、デアゴスティーニ）

商品のコレクションを促す

⑩ マッチングモデル（不動産仲介・人材募集サイト・ホテル予約サイト）

利用者と提供者を仲介する

⑪ フリーミアムモデル（Evernote・Dropbox）

基本商品を無料で配布、一部ユーザーから収益を上げる

　あなたの製品サービスはこの中のどれに該当するだろうか？

## ビジネスモデル・キャンバスで全体像を整理する

　全体像を整理するために、ビジネスモデル・キャンバスを考える。章末の p.179 に記入できるシートがあるのでぜひ活用してほしい。

　ビジネスモデル・キャンバスは3つの範囲に分かれており、右上が①顧客に関する項目、左上が②パートナーに関する項目、下部分が③コストと収益という構造になっている。順に詳しく見ていこう。

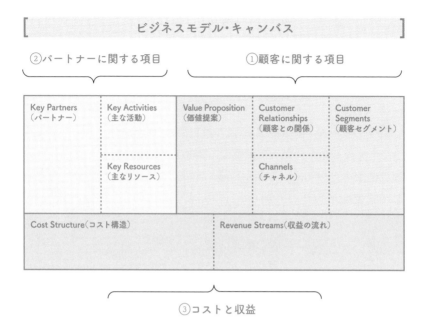

ビジネスモデル・キャンバス

②パートナーに関する項目　　①顧客に関する項目

| Key Partners（パートナー） | Key Activities（主な活動） | Value Proposition（価値提案） | Customer Relationships（顧客との関係） | Customer Segments（顧客セグメント） |
| | Key Resources（主なリソース） | | Channels（チャネル） | |
| Cost Structure（コスト構造） | | Revenue Streams（収益の流れ） | | |

③コストと収益

出典：アレックス・オスターワルダー著『ビジネスモデル・ジェネレーション』

**ビジネスモデル・キャンバスの作成①**
## 提供する価値と顧客、その関係を考えよう

　まずは右上部分の「顧客」関連の項目から考えていく。

「顧客セグメント」とは、お金を払ってくれる人ないし法人のことで、ペルソナとして想定したものだ。複数のペルソナが想定できていれば、それらも記載しよう。あなたの製品サービスがプラットフォームであれば、マッチングするふたつのサイド、例えば提供サイドと購入サイドを記述する。

「顧客との関係」は例えば、セルフサービス、会員制、コミュニティ、

共創など、顧客との関わり方を端的に入れればよい。

　チャネルとは、顧客へ商品を届ける経路のことである。実店舗販売なのか、代理店経由なのか、それとも Amazon や楽天など、EC プラットフォームを介して販売するのかを書き込もう。

　最後に埋める「価値提案」は、バリュープロポジション・キャンバスで考えたもので、顧客に提供する製品とサービスのことだ。独自の提供価値（USP = Unique Selling Proposition）、機能価値と情緒価値を意識して記述しよう。

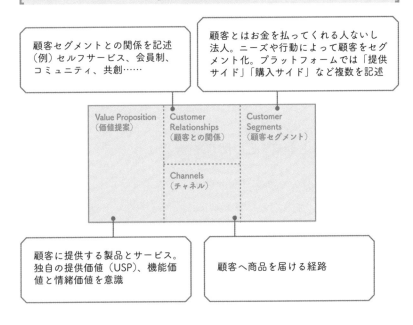

①顧客に関する項目

顧客セグメントとの関係を記述（例）セルフサービス、会員制、コミュニティ、共創……

顧客とはお金を払ってくれる人ないし法人。ニーズや行動によって顧客をセグメント化。プラットフォームでは「提供サイド」「購入サイド」など複数を記述

Value Proposition（価値提案）

Customer Relationships（顧客との関係）

Customer Segments（顧客セグメント）

Channels（チャネル）

顧客に提供する製品とサービス。独自の提供価値（USP）、機能価値と情緒価値を意識

顧客へ商品を届ける経路

ビジネスモデル・キャンバスの作成②
## 主な活動、リソース、パートナーを考えよう

　次に主な活動やそれを支えるリソース、パートナーの存在を可視化
していく。

「主な活動」は、事業を実行する上で必ず行わなくてはいけない重要
な活動のこと、「主なリソース」は事業に必要な人的資産、物的資産、
金融資産、知的資産などのことを指す。

「パートナー」の欄には、自分ではカバーできない部分を補足してく
れる外部の人や企業、つまりサプライヤーとパートナーのネットワー
クについて記述していこう。

## ②パートナーに関する項目

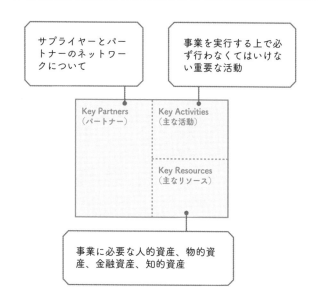

**ビジネスモデル・キャンバスの作成③**
## コスト構造と収益の流れを考え、試算してみよう

　最後に、サービスを提供するためのコストや収益といったバックヤードの部分を埋める。

「コスト構造」の部分には製品を市場に送り出すためにかかる主要なコストを、「収益の流れ」には、想定したビジネスモデルをもとに、収益モデル、顧客生涯価値（LTV ／ライフタイムバリュー。1人の顧客が初回の購入からそのサービスの使用を止めるまでにどのくらいの利益をもたらしてくれるかを表す指標）、サービス価格などを記述する。

　コスト構造と収益の流れを記載したら、（可能な範囲で）概算で収支を合わせるための試算をしてみよう。

　この段階ではまだ製品サービスもできていない上に、当然方針を転換（ピボット）する可能性もある。なのでこの時点では、黒字化するために頭を悩ませることにあまり意味はない。

　ビジネスモデルの全体像がどうなるか、どのようなパートナーが必要なのか、想定される経費はどのくらいか、など、事業を俯瞰的に捉えておくことが目的だ。

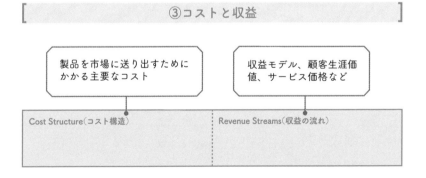

③コストと収益

製品を市場に送り出すためにかかる主要なコスト

収益モデル、顧客生涯価値、サービス価格など

Cost Structure（コスト構造）　　　Revenue Streams（収益の流れ）

さて、ここまで例に出している「やる気に満ちたチームづくりを学ぶオンライン教室」をビジネスモデル・キャンバスに当てはめてみよう。

細かく書くときりがないので、このぐらいラフに書き込むのがいいだろう。ただし、ピボットの都度、修正を加え、常にビジネスの全体像を把握することを習慣としよう。

## ビジネスモデル・キャンバスの例

| Key Partners<br>（パートナー） | Key Activities<br>（主な活動） | Value Proposition<br>（価値提案） | Customer Relationships<br>（顧客との関係） | Customer Segments<br>（顧客セグメント） |
|---|---|---|---|---|
| 学びの場を支える人<br><br>サイト開発・教材開発<br><br>サーバー管理 | オンライン学習<br><br>深い理解・学びの実践 | やる気に満ちた<br>チームづくりを学ぶ<br>オンライン教室 | 会員制<br>生涯のつながり | 人の問題を解決したい<br>成長意欲が高い社会人 |
| | Key Resources<br>（主なリソース）<br><br>幸せ視点の経営理論<br><br>講師・ファシリテーター | | Channels<br>（チャネル）<br><br>インターネット<br>（Zoom／Slack） | |

| Cost Structure（コスト構造） | Revenue Streams（収益の流れ） |
|---|---|
| サイト開発費用／動画開発費用／教材開発費用／サーバー費用<br><br>メンバー募集の営業費用 | 会員料金・受講料金 |

## ChatGPT

ビジネスモデル・キャンバスも ChatGPT に聞いてみよう。

**質問例**
（壁打ちの続き）このサービスのビジネスモデル・キャンバスを教えて。

▶ **ChatGPT 回答例**

**顧客セグメント（Customer Segments）**
成長意欲が高い社会人／リーダーとしての悩みを解決したい人／コロナ禍でのリモートワーク管理者
**価値提案（Value Propositions）**　〜以下略

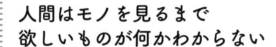

# 4

# プロトタイプを
# 制作する

## 人間はモノを見るまで
## 欲しいものが何かわからない

　ビジネスモデルの全体像が把握できたら、顧客インタビューに向かうためにプロトタイプを制作する段階に入る。**手早くお金をかけずに、粗い実験模型＝プロトタイプをつくろう。**

　プロトタイプは「価値提案」や「ビジネスモデル」など机上で想定した解決策が、本当に現実の課題とフィットするのか、インタビューによって確かめるためのツールになる。

　なぜ、インタビューにプロトタイプが必要なのか。それに答えてくれる、ジョブズの名言がある。

　人は形になったものを見るまで、具体的に何が欲しいのかわからないものだ。

　課題の探索のところでも言及したように、顧客は課題そのものやそれを解決する代替品についてはよくわかっているが、自身が本当に欲しているモノが何かまではわかってはいない。

　作り手ではないので、多くの場合は想像することもできない。具体的なモノが目の前に現れて初めて、それが本当に欲しいのかどうか、いくらまでなら支払う気持ちになるかなどがわかるのだ。

「こういうものだったら欲しい？」という問いに対する答えは、プロトタイプがあって初めて出てくるものなのである。

　車を例に考えてみよう。例えば最初にタイヤをつくり、次にシャーシをつくり、ボディをつくり……という工程だとすれば、当然それらを組み立てるまでは「車に乗る」という体験はできない。

　完成して初めて「売れる」や「売れない」、「ウケが悪い」といった顧客の重要な反応がわかるが、仮にここで「顧客の反応がイマイチだから後戻りしよう」となり、仮に設計から見直すことになったら、後戻りのコストやそれにかかる時間は莫大なものになるだろう。

## オズの魔法使いプロトタイピング

　プロトタイプの代表的な例に「オズの魔法使いプロトタイピング」という手法がある。

　これは、実際にプログラミングを組むには時間もお金もかかるため、プログラミングの代わりに裏で人間が操作して、いかにもコンピューターが行っているように見せる手法だ。

　実際には人が手で動かしていても「この動きはコンピューターによるものだ」と顧客は感じるため、擬似的に顧客体験が創出され、製品サービスに対する改善案を得ることができるのだ。

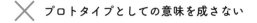

## プロトタイプで、顧客の反応を探る

✕ プロトタイプとしての意味を成さない

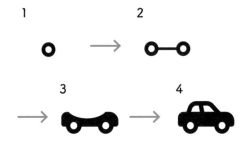

4のような完璧な状態まで仕上げて初めて、顧客からのフィードバックを得られる。
制作途中で使用感などを確認できないため、ピボットができない。

---

◯ プロトタイプとして成り立つ

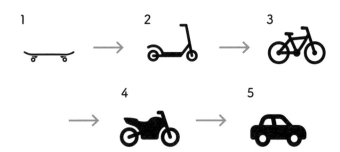

なるべくコストをかけずに粗い実験模型をつくり、
顧客からフィードバックをもらいながら完成品に近づけていく。

# 顧客がひと目で理解できる<br>プロトタイプをつくろう

　プロトタイプをつくる上で、時間やコストをできるだけかけずにつくること以外に、そのプロトタイプを体験した顧客から、次の3点を聞き出せるかという視点もとても重要だ。

① もっとこうしてほしい
② 最低限必要な機能はこれ
③ いくらなら支払いたい

　そのために、制作のときにまず意識することは、**顧客が一目見て理解できるものかどうか**だ。一目で理解できないような複雑なものは好ましくない。主なフォーマットとして考えられるのは、以下の5つである。

① イラスト型プロトタイプ
② ムービー型プロトタイプ
③ リーフレット型プロトタイプ
④ ランディングページ型プロトタイプ
⑤ アプリ・モックアップ型プロトタイプ

　当然、製品サービスによってどのタイプがいいかは分かれるので、最適だと思われるものを選択しよう。また、いずれのプロトタイプでも、それをつくるためのツールがある。Webで検索して最適なツールを活用し、コストをかけずにつくることをおすすめしたい。

[　　　　　　　　　　プロトタイプのモデルケース　　　　　　　　　　]

イラスト型　　ムービー型　　リーフレット型　　ランディングページ型　　アプリ・モックアップ型

　プロトタイプをつくるにあたって大切なことをまとめると、次の3点になる。

① 時間・お金などのコストをできるだけかけずにつくること
② 最小機能で重要な体験ができること
③ 一目で何かがわかること

　これらを満たせるような、それを見たユーザーがワクワクするようなプロトタイプをつくっていこう。

> **ChatGPT**

プロタイプも ChatGPT と壁打ちすることが効果的だ。

また、プロトタイピングできる生成 AI のサービスも増えてきている。代表的なものに「StableDiffusion」や「Wizard」といったサービスがある。これらを使えば、手軽にイラストやアプリのモックアップ画面を生成できるので、興味のある方は調べてみよう。

---

**質問例**
（壁打ちの続き）全くお金をかけずに、ユーザーがこのサービス体験をイメージできるようなプロトタイプがほしいです。どのようにつくればいい？

---

**▶ ChatGPT 回答例**

**1. ストーリーボード作成**
手書きのストーリーボードを作成して、ユーザーがサービスをどのように使用するかの一連の流れを描きます。

**2. ペーパープロトタイプ**
紙とペンを使用して、ウェブサイトやアプリの基本的な画面遷移を作ります。
紙の上でボタンがどう動くか、どの画面に遷移するかを示すことができます。

**3. PowerPoint or Google Slides**
スライドを使って、クリックしたら次の画面に移るというような簡単なインタラクティビティを模倣します。

**4. 既存の無料ツールを使用**
Canva, Figma の無料プランなど、無料で利用できるデザインツールを使ってワイヤーフレームや UI を作成。

**5. モックアップの公開**
ソーシャルメディアやブログで、このプロトタイプをユーザーに紹介。ユーザーからのフィードバックを集める為の簡単なアンケートを添付します。

**6. ビデオプレゼンテーション**
スマートフォンで短いビデオを撮影し、サービスの流れや使用例を示します。
YouTube や Vimeo に無料でアップロードして共有可能です。

**7. 体験イベント**
オンラインミーティングツール（Zoom, Skype など）を使用して、リアルタイムでプロトタイプのデモを行い、参加者からフィードバックを受け取ります。

## 5

# PSFインタビューを
# 実施する

## 顧客の課題に解決策はフィットするか?

プロトタイプまで完成したら、PSF(Problem Solution Fit＝課題解決フィット)インタビューを行う。

ここでは、次の3つのリスクを検討することがポイントだ。

- 製品リスク:最小限の機能は何か?(小さな製品をつくれるか)
- 顧客リスク:最初に買う人は誰か?(顧客への経路をつくれるか)
- 市場リスク:いくらで買ってくれるか?(実現可能な事業をつくれるか)

これらをインタビューでヒアリングできれば、課題と解決策がフィットしたということになる。

PSFインタビューのポイントは、次の3点だ。

① 1つのセグメントにつき、5名以上インタビューする
● 焦点をアーリーアダプター（初期採用者）の特性を持つ人に絞る（マジョリティを対象にすると機能が拡散してしまう）
② インタビューによって以下の項目を完了させる
● 必要十分な機能を特定する
● アーリーアダプターと支払い可能価格を特定する
● 実現可能なビジネスモデルを構想する
③ インタビュー結果を踏まえて、ピボット（方針転換）を検討する
● ピボットを決めた場合、立ち戻って②を完了させる必要がある

それぞれ詳しく見ていこう。

## アーリーアダプターにインタビューする

PSFインタビューの対象者を選ぶときに大切なのは、ペルソナの中でも、特にアーリーアダプターの特性を持つ人を中心にすることである。

興味ある分野で新しい製品サービスが登場したときにどんな反応をするか、消費者の反応にはパターンがあることがわかっている。
例えば、iPhoneが登場したとき、最初に飛びついたのは日頃から新しもの好きな、ごく少数の層だった。しかし、iPhone3ぐらいになるとこの層に加え、感度の高い人が興味を持つようになった。製品が成熟するにつれてユーザーが増え、いまやiPhoneは多くの人にとって手放せないツールである。ただし、わずかではあるが、いまだにガラケーがいいという人もいるだろう。

　このように消費者は、新しいものに対して購入特性のパターンがある。「イノベーター理論」によると、消費者の属性は次の5タイプに分けられる。

① **イノベーター**（革新者）
冒険的で、新商品が出ると進んで採用する人々。革新性を好む。
② **アーリーアダプター**（初期採用者）
流行には敏感で自ら情報収集を行い判断する人々。社会的影響力が強い。
③ **アーリーマジョリティ**（前期追随者）
新しい商品の採用には比較的慎重な人々。堅実派。
④ **レイトマジョリティ**（後期追随者）
新しい商品の採用には懐疑的な人々。周囲の使用を見てから採用する。
⑤ **ラガード**（遅滞者）
流行や社会の動きに関心が薄く、伝統化するまで採用しない人々。

　割合は正規分布に沿っており、全体に対して①が2.5％、②が13.5％、③と④がそれぞれ34％、⑤が16％の比率とされている。

　あなたが世の中に新しい製品サービスを出したとき、いくら自分が素晴らしいと思っていても、みんなが購入してくれるわけではない。すぐに購入してくれる可能性があるのは、製品ではなくあなた自身を信頼してくれる知り合いであり、その中でもイノベーターもしくはアーリーアダプターのような感覚を持った人たちなのだ。

　PSFインタビューでは、このイノベーターないしアーリーアダプターをいかに見つけてインタビューできるかが大切になる。

　マジョリティにはアーリーマジョリティとレイトマジョリティの2タイプがあり、あわせると全体の3分の2を占めるが、この人たちは、ここで考えた目新しい製品サービスにお金を出してくれることはあまりないと考えていいだろう。最も堅実派なラガードは、当たり前のように使ってくれない。

　このタイミングでマジョリティ層にインタビューしてしまうと、意見があちらこちらに飛び、機能が多方面に広がってしまう可能性が高い。結果、思っていた以上に大規模な製品サービスになってしまい、「小さくはじめる」マイクロ起業の考え方からズレてきてしまう。

　また、インタビュー対象がレイトマジョリティやラガードだった場合、ネガティブなコメントに、深く心を痛めることになるだろう。

　CPFでのラガードへのインタビューは「無消費の原因」を発見できる良い機会となるのだが、このタイミングでは「初期購入が期待できる人たちが求める最小機能を特定すること」がポイントとなる。

　**アーリーアダプターの人たちが購入して、アハ・モーメントを感じてもらえると、その人たちを信頼しているマジョリティ層にも次第に広がっていく。だからこの時点では、イノベーターとアーリーアダプターにフォーカスすることが大切なのだ。**

　参考まで、デザイン思考では、ラガードの意見を大切にすることも記しておきたい。彼らのクリティカルな視点が、新鮮な気づきを与えてくれることも多いからだ。もしあなたが、心折れることなく冷静に彼らの意見を聞く能力を持っているのであれば、購入を望まない層に対してインタビューしてみるのもありだろう。

[ 「イノベーター理論」に基づくユーザーの購買属性 ]

PSFインタビューでは、初期採用者特性を持つ
「イノベーター」と「アーリーアダプター」に対象を絞ることが重要。
「マジョリティ」や「ラガード」の意見に振り回されると創造性が失われる可能性がある。

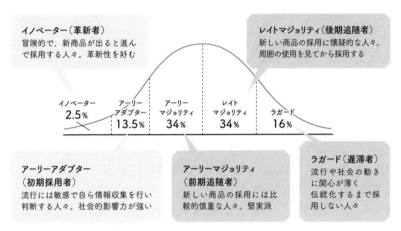

出典：エベレット・ロジャーズ著『イノベーションの普及』

## PSFインタビューの流れと完了条件

　Chapter2のCPFインタビューと同じように、インタビューの流れについても紹介しておこう。必ずしもこの通りに進める必要はないので、臨機応変に対応しながら進めてほしい。

① あいさつ、インタビューの主旨と流れ
② 相手の顧客属性のヒアリング
③ 解決したい課題、それに対する思い

④ デモ、プロトタイプへの共感、問題の発見

⑤ 想定している価格の検証

⑥ お礼と今後の協力依頼

⑦ 情報の整理、完了条件の確認、ピボットの判断（インタビュー後）

　ここでも重要なのは信頼関係だ。CPF インタビューの経験を活かしながらインタビューを行い、何でも思ったことが言える場、心理的に安全な場をつくり、率直な意見をもらえるようにしよう。

### ChatGPT

　PSF インタビューをするときも、質問内容を ChatGPT に聞いてみよう。

---

**質問例**

（壁打ちの続き）ペルソナにこのプロトタイプを見せて、PSF インタビューしたいです。どんな質問が効果的か、教えて。

**▶ChatGPT 回答例**

PSF（Problem-Solution Fit）インタビューでは、プロトタイプを見せた上で、そのプロトタイプがペルソナの問題やニーズにどれだけマッチしているかを理解することが目的です。以下は、PSF インタビューで効果的な質問の例です。

**プロトタイプの初印象**

このプロトタイプを見て最初に思ったことは何ですか？

このプロトタイプが解決しようとしている問題は何だと思いますか？

**プロトタイプと問題のマッチ度**

このプロトタイプが提案しているソリューションは、あなたの問題 / ニーズにどれくらい合っていますか？

何が特に気に入りましたか？何が気に入らなかったのか？

**機能と使い勝手**

このプロトタイプのどの機能が最も役立つと感じますか？

使いにくいと感じる部分はありますか？

**付加価値と差別化**

このプロトタイプが他のソリューションと比べて優れている点は何ですか？

追加で欲しい機能や改善点はありますか？　〜以下略

---

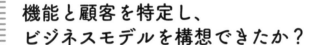

# 6

# PSFチェック
## 完了条件と評価

## 機能と顧客を特定し、ビジネスモデルを構想できたか？

　Chapter3の最後は、PSF＝課題解決フィットができたかどうかチェックしよう。PSF インタビューでも完了条件が3つある。

① 必要十分な機能を特定する
② 初期採用顧客と支払い可能価格を特定する
③ 実現可能なビジネスモデルを構想する

　右の表を参考に S、A、B、C をつけ、最後に総合評価を出そう。

　①「必要十分な機能を特定する」は、ユーザビリティや機能に対する要望があれば適用できないか検討する。不要な機能は除外し、必要十分な機能を特定したとなれば評価は A となる。

②「初期採用顧客と支払い可能価格を特定する」は、初期に採用する顧客セグメントを特定し、解決策に対して支払い可能な価格を発見できたどうかを評価する。

③「実現可能なビジネスモデルを構想する」は、まず想定価格をベースに収益とコスト構造を予測する。そして、黒字化のために最低限必要な顧客数や仕入れ情報などを想定し、持続可能なビジネスモデルを構想できたかどうかを見ていこう。

ここまで完了した段階で、机上では「このアイデアは現実の世界に出す価値がある」という判断ができる。総合評価がA以上になったら、次のステップに進むのがいいだろう。

[　　　　　　　　　　PSFをチェックしよう　　　　　　　　　　]

| | | PSFの完了条件 | PSF評価 |
|---|---|---|---|
| ① | 必要十分な機能を特定する | ユーザビリティや機能要望を受けたら適用を検討。不要な機能は除外し、必要十分な機能を特定した。 | A. 必要十分なインタビューを通じ、適用できる機能を特定<br>B. 検証は不足しているが、おおよそ必要十分な機能を特定<br>C. 検証が不十分で、機能を未特定 |
| ② | 初期採用顧客と支払い可能価格を特定する | 初期に採用する顧客セグメントを特定し、解決策に対して支払い可能な価格を発見できた。 | A. 必要十分なインタビューを通じ、初期顧客と価格を特定<br>B. 検証は不足しているが、おおよそ初期顧客と価格を特定<br>C. 検証が不十分で、初期顧客と価格を未特定 |
| ③ | 実現可能なビジネスモデルを構想する | 想定価格をベースに収益とコスト構造を予測。黒字化のために最低限必要な顧客数や仕入れ情報などを想定し、持続可能なビジネスモデルを構想できた。 | S. 検証を通じて、実現可能性の高いビジネスモデルを構想<br>A. 必要十分なインタビューを通じ、ビジネスモデルを構想<br>B. 検証は不足しているが、おおよそビジネスモデルを構想<br>C. 検証が不十分で、ビジネスモデルを未構想 |

**総合評価　S:①A②A③S　A:①～③すべてA　B:1つもCがない　C:1つでもCがある**

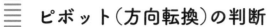

| 0 to 1 | | CPF | | | PSF | | | | PMF | |
|---|---|---|---|---|---|---|---|---|---|---|
| 発想 | 絞る | ペルソナ | インタビュー | 解決策 | ビジネスモデル | プロトタイプ | インタビュー | MVP 開発 | 評価と改善 |

# ピボット（方向転換）の判断

　PSF インタビューを行い、ピボットするという結論になることもある。その場合、さまざまなパターンがあるので紹介しよう。

　例えば、**製品の一部の機能を抽出してシンプルにするというピボット**を「ズームイン・ピボット」という。代表例は Instagram だ。
　今や写真共有アプリとして世界的なサービスとなった Instagram だが、元々は指定されたお店などへ足を運ぶとポイントやクーポンなどが貯まる「チェックインアプリ」だった。しかし、写真共有機能の利用が多いことに気づき、写真共有アプリへピボットしたという経緯がある。

　これは機能を絞って特化させた例だが、反対に、**より大きな機能を含めてトータルな顧客体験を提供する拡大方向に舵をきる「ズームアウト・ピボット」**という方法もある。
　米国の広告代理店 craigslist は、元は地域特化のイベントの告知サイトだったが、取り扱いを物品売買や就職情報まで拡大し、世界最大級の告知サイトに成長した。
　そのほかにもピボットの例を p.174 にまとめたので、ぜひ参考にしてほしい。

　PSF の段階では、まだほとんど未投資の段階でのピボットになる。このタイミングでの方針転換はあって然るべきものだし、むしろ大歓迎だ。

　例えば、リーンスタートアップに基づく起業アイデア・コンテストでは、少なくとも2回はピボットしていないと評価されないような基準もあるほどだ。

　早く先に進みたいという気持ちを優先してしまい、うまくフィットしていないのに次のプロセスに進まないようにしよう。お金をかけて製品サービスをつくって失敗してしまったら、その大きなお金と時間を失うことになる。お金を投入していない段階でたくさん失敗しよう。
　そして、ピボットを恐れず、市場の感覚にフィットさせていくことだ。

　ただし「自分自身のワクワク感」を忘れないこと。「自分らしい事業」のコア、揺るがぬ幹を確認するために、その都度、自分の気持ちに問いかけながら、顧客の声を聴いて柔軟に取り組もう。

　これが小さくはじめるマイクロ起業の基本的な考え方である。

[　　　　　　　　　　　　ピボットの事例一覧　　　　　　　　　　　　]

## ① Instagram（インスタグラム）

⇨「ズームイン・ピボット」＝製品の一部の機能を抽出してシンプルにする

元はチェックインアプリだったインスタグラムだが、写真共有機能の利用が多いことに気づき、写真共有アプリへピボットした

## ② craigslist（クレイグスリスト）

⇨「ズームアウト・ピボット」＝より大きな機能を含めてトータルな顧客体験を提供する

米国のクレイグスリストは、元は地域イベントの告知サイトだったが、物品売買や就職など、取り扱う情報を拡大して世界最大級の告知サイトに成長した

## ③ Groupon（グルーポン）

⇨「顧客セグメント・ピボット」＝ペルソナを変更する

社会問題への募金アプリだったグルーポンは、クーポン共同購入の評判がよく、消費者向けサービスへピボットした

## ④ Airbnb（エアビーアンドビー）

⇨「顧客ニーズ・ピボット」＝顧客や課題を再検証して変更する

元は部屋貸しと朝食提供サービスとしてスタートしたエアビーアンドビーだったが、あるユーザーが自室を貸し出したことでその可能性に気づきピボット

## ⑤ GREE（グリー）

⇨「プラットフォーム・ピボット」＝単一アプリをプラットフォーム化。もしくはその逆をする

グリーは、元はガラケーのゲームプラットフォームだったが、iPhone登場でネイティブアプリへとピボットした

## ⑥ Dropbox（ドロップボックス）

⇨「ビジネスモデル・ピボット」＝ビジネスモデルを変える

ファイル共有アプリのドロップボックスは、元は個人向けサービスだったが、高利益・低ボリュームの法人向けサービスにピボット

## ⑦ BuzzFeed（バズフィード）

⇨「チャネル・ピボット」＝販売チャネルまたは流通チャネルを変更する

オンラインメディアのバズフィードは、元はウイルス型（ユーザーがユーザーを招待して拡大していくタイプのビジネス）で成長したが、Facebookのアルゴリズムの変更を機に支出型にピボット

## ⑧ TSUTAYA（ツタヤ）

⇨「成長エンジン・ピボット」＝成長エンジン（粘着型 ／ ウイルス型 ／ 支出型）を変更する

店舗でのレンタルビデオを展開してきたTSUTAYAだが、リアル店舗によるレンタル事業の衰退に伴い、ネット通販型、映像配信事業へピボット

## ⑨ 任天堂

⇨「テクノロジー・ピボット」＝全く新しい技術を使用して、同様のソリューションを実現する

任天堂は、楽しさと面白さを持つ商品という使命を変えずに、カードゲームからコンソールゲームへピボット

参照：天気晴朗ナレドモ浪高シ『リーンスタートアップでピボットする10の方法と成功事例』

# 参考

# プレゼンテーションを制作する

## 説得ではなく心に響く プレゼンができるか？

　PSFが完了したら、多くの場合は、プレゼンテーションを行う段階だろう。事業をつくるという本書の主題からは少し外れるので、参考程度にプレゼンテーションのコツにも触れておこう。

　いいプレゼンと聞いて、あなたはどんなものを想像するだろうか？
　論理的に整理されていて、誰が聴いてもわかりやすく、すんなりと理解できるプレゼンを想像したのではないだろうか？

　たしかに論理性の要素は欠かせない必要条件ではあるが、それだけでは聴いてくれた人の行動には結びつきにくい。大切なのは、あなたの言葉が人の心に響くかどうかだ。

その意味で、今はロジカル・プレゼンテーションよりも、心に響くエモーショナル・プレゼンテーションの方が重要視されている。

ロジカルでありながらも、人の心を揺さぶるようなストーリーを語れるかが大切になってきているのだ。

# デザイン思考における ストーリー・テリング

人の心を揺さぶるためには、いいストーリーが必須だ。物語を使って伝えることを「ストーリー・テリング」という。人の心を動かすようなストーリーをつくるにはどうしたらいいのだろうか?

デザイン思考において、ドラマチックなストーリーをつくるためには、次の3つの要素が欠かせないとされる。それは「行動（Action）」、「葛藤（Conflict）」、「変革（Transformation）」だ。

まず、「チームは何を目指し、何で世界をよりよくしようとしているのか」という行動を伝える。

続いて、「大切にしたポリシー、さまざまな困難や悩みなど人間的な体験」を赤裸々に語ること。これが葛藤である。

すべてのことが苦労なく、うまくいったという成功ストーリーは人の心に響かない。失敗や悩み、そこからの学びこそ、プレゼンテーションを引き立てる最高の味つけなのだ。

その上で「何が大きなインサイトで、行動と葛藤をどう解決させたのか」という変革を伝えるのだ。

# 人を行動に駆り立てる言葉をつくる「SUCCESsの法則」

　プレゼンテーションをつくるときに使える「SUCCESs（サクセス）の法則」がある。これはチップ・ハース、ダン・ハースによる『アイデアのちから』で紹介されたもので、Simple、Unexpected、Concrete、Credible、Emotional、Story の6つの単語の頭文字をとった造語だ。

① **単純明快である**（Simple）
そのメッセージは、単純明快に理解でき、説明できるだろうか？

② **意外性がある**（Unexpected）
そのメッセージには、予想を裏切るような驚きがあるだろうか？

③ **具体的である**（Concrete）
そのアイデアは、脳に鮮やかにイメージできるだろうか？

④ **信頼性がある**（Credible）
そのアイデアを、疑いもなく信じてもらえるだろうか？

⑤ **感情に訴える**（Emotional）
そのアイデアは、聴き手の感情をかきたてるだろうか？

⑥ **物語性がある**（Story）
そのアイデアは、行動をうながすような物語を含んでいるだろうか？

　これらの要素がプレゼンテーションの中に入っていることで、そのプレゼンテーションが効果的になる。ひと通りつくってみたプレゼンを、これらの視点で見直して、より心に響くものにアップデートしてみよう。

# Chapter 3
## サマリー

# ビジネスモデル・キャンバス

　Chapter1と2で完成したマイクロ起業キャンバスをベースにしながら、「ビジネスモデル・キャンバス」を作成し、全体像を整理していく。

　「提供する価値と顧客の関係」「事業を行う上での欠かせない活動やリソース」「自分ではカバーできない部分を補足してくれる外部の人や企業＝パートナー」「収益とコスト構造」などを可視化しよう。

　詳しくはp.150〜157を参照してほしい。

　このとき、厳密に書く必要はない。例のようにラフに書き込み、ピボットをしたら修正を加えていく。

　ビジネスモデル・キャンバスを使って、全体像を把握しておくことが大切だ。

　Chapter0の冒頭で、「事業とは社会の役に立つ商品やサービスを提供して、感謝の気持ちとしてお金をいただき、それが持続的な経済活動として成立していること」と書いた。

　そしてこのChapter3では、顧客のジョブにもとづいて製品サービスを考え、その製品サービスを通してどのような価値を顧客に提案できるかを検討してきた。

　あなたの製品サービスには誰かの役に立つ＝機能価値や、誰かに感謝の気持ちを抱かせる＝情緒価値（アハ・モーメント）はあるだろうか？　特にアハ・モーメントについては、今一度よく考えてほしい。

　それでは、事業を市場で実践するPMFのステップに進んでゆこう。

Chapter1と2で完成させたマイクロ起業キャンバスをビジネスモデル・キャンバスに集約しよう。事業の全体像が出来上がる。

| Key Partners (パートナー) | Key Activities (主な活動) | Value Proposition (価値提案) | Customer Relationships (顧客との関係) | Customer Segments (顧客セグメント) |
|---|---|---|---|---|
| | Key Resources (主なリソース) | | Channels (チャネル) | |

| Cost Structure(コスト構造) | Revenue Streams(収益の流れ) |
|---|---|

例

| Key Partners (パートナー) | Key Activities (主な活動) | Value Proposition (価値提案) | Customer Relationships (顧客との関係) | Customer Segments (顧客セグメント) |
|---|---|---|---|---|
| 学びの場を支える人 サイト開発・教材開発 サーバー管理 | オンライン学習 深い理解・学びの実践 | やる気に満ちたチームづくりを学ぶオンライン教室 | 会員制 生涯のつながり | 人の問題を解決したい成長意欲が高い社会人 |
| | Key Resources (主なリソース) 幸せ視点の経営理論 講師・ファシリテーター | | Channels (チャネル) インターネット (Zoom／Slack) | |

| Cost Structure(コスト構造) | Revenue Streams(収益の流れ) |
|---|---|
| サイト開発費用 ／ 動画開発費用 ／ 教材開発費用 ／ サーバー費用 メンバー募集の営業費用 | 会員料金・受講料金 |

## Chapter 4

PMF

# 市場が受け入れる製品に育てる

*PMFが見つかる前は、*
*大きな岩を押しながら、山を登っている状況である。*
*PMFを見つけた後は、*
*大きな岩が転がるのを、追いかけている状況である。*

—— PMFの名付け親 マーク・アンドリーセン

CPF（顧客課題フィット）、PSF（課題解決フィット）に続くフィットはPMF（Product Market Fit ＝製品市場フィット）だ。

PMFは、3つの中で最も有名な局面であり、その難易度もCPFやPSFに比べると格段に上がる。製品サービスを「現実の世界＝市場」にフィットさせるのは大変難しいのだ。

机上と現実は、複雑さや予測不能さが全く異なる上に、「人の心」という制御不能なものに、真正面から取り組む必要があるからだ。

最初の1人にお客さんになってもらうこと。そのお客さんの事前期待を上回るようなサービスを提供すること。その喜びが口コミとなり、少しずつ広がっていくこと。それらを支えるやる気に満ちたチームをつくること。どれもが事業の成功には欠かせないことであるが、どれもがとても難しい。

しかしこれらの難問をクリアしていくことで、自分らしい製品サービスを生み出し、人生の基盤をつくることができるのだ。

PMFはまず、MVPという実用最小限の製品をつくることからはじまる。それを実際に顧客に提供し、この時点でお金をいただきながら、製品リスク、顧客リスク、市場リスクの3点を定性的に検証する。

まずは小さくはじめてみよう。そして顧客から貪欲に学び、たゆまず改善を続け、未来への希望の道を広げていこう。

# MVPを
# 開発する

## MVP ＝最小機能製品とは何か？

　PMF（製品市場フィット）を重視するスタートアップは多い。それはPMF が VC（ベンチャーキャピタル）の重要な投資基準の1つであり、資金調達により、その事業を大きくグロースできるかどうかのターニングポイントとなっているからである。

　その PMF における最初のステップが、MVP（Minimum Viable Product＝最小機能製品）をつくることだ。

　最小機能製品とは「顧客フィードバックを繰り返し、学習を得るための実験的な製品」であり、「はじめての顧客でもすぐ理解できる、シンプルで最小限の製品」のこと。

次の4つが最小機能製品の必須条件だ。

① 必要最小限の「凝縮された機能」に限定されていること
② 顧客が「製品の持つ機能」を実際に体験できること
③ 顧客に「機能ごとの価格（無料を含む）」が明確に伝わること
④ 顧客の「購入や継続の判断」を確認できること

　PSFのステップでつくったプロトタイプとは何が違うのかと、疑問に思う人もいるだろう。
　決定的な違いは、顧客が「**実際に使ったり、体験できたりするかどうか**」にある。

　プロトタイプは、顧客が機能を想像できればそれでよく、あくまで顧客にインタビューするためのものだ。

　それに対して最小機能製品は、製品であれば顧客が実際に手にとって使える必要があるし、サービスであれば実際に体験できることが条件となる。
　このように市場の生の反応を見ることを目的としている点が、プロトタイプとの大きな違いだ。

　最小機能製品をつくるときのポイントは、**製品の機能は絞るが、その機能に関しては、機能価値だけでなく情緒価値まで、すべての想定する価値を提供できること。つまりアハ・モーメントを感じられる製品レベルにすることだ。**

　もう1つ、とても大切なことがある。それは、この時点では制作す

るためのコストを最小限、できればゼロに近づけることだ。

しかし、コストを最小限にしながら、アハ・モーメントを感じるものなどつくれるのだろうか。

ビジネスの世界で生きていると「そんなの無理に決まっている」と思うかもしれないが、そんなことはない。

現実に、筆者が講義をしてきた大学や社会人向け講座で、多くの人がこの課題にトライし、つくり上げている。

お金を最小にする。そのかわりに創造力を活かすことだ。

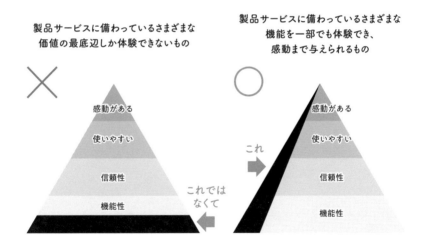

[ 最小機能製品（MVP）のポイント ]

製品サービスに備わっているさまざまな
価値の最底辺しか体験できないもの

製品サービスに備わっているさまざまな
機能を一部でも体験でき、
感動まで与えられるもの

感動がある
使いやすい
信頼性
機能性

これではなくて

これ

感動がある
使いやすい
信頼性
機能性

# 最小機能製品の好例
# 宅配サービスのDoorDash

　最小機能製品の好例として、DoorDash という米国の宅配サービスのスタートアップを紹介しよう。

　DoorDash は宅配サービスにおいてスタートアップの先駆け的な存在で、米国ではあのウーバーイーツより高いシェアを誇っている。

　当時スタンフォード大学の学生であった、トニー・シュー、スタンリー・タン、アンディ・ファン、エヴァン・ムーアによって、2013年に創業された。

　DoorDash のサービスの特徴は、スマホアプリで注文できること、宅配状況をリアルタイムで把握できること、そして自らは宅配しない店舗の商品も対象としていることだ。

　このようなプラットフォームのビジネスには、「鶏と卵」問題が常に発生する。顧客の立場からはレストランと配達者が常に揃っていないと注文ができないし、レストラン側から見れば、顧客と配達者がいなければ登録する意味がない。配達者も同じで、顧客とレストランが揃っていなければ仕事がない。

　この3つをバランスよくマッチングさせ、拡大していけるかどうかが、プラットフォームサービスの難しいところだ。

　しかし、注文者とレストラン、配達者のシェアを一度獲得してしまえば、確固たるポジションを築けることが強みでもある。

　ここで、あなたが大企業の新規事業開発担当者だったとしよう。会社からこのような宅配サービスの立ち上げを命じられたら、どのようなアクションをとるだろうか。

　例えば、初期にレストランや配達者のネットワークを構築することを考えるだろう。スピードを重視して企業買収を試みるかもしれない。いずれも相当のコストと時間が必要となる。

　さらに、大規模なシステム開発が待っている。おそらく初めは顧客の使い勝手に問題を抱えることになるだろう。

　それが完成したら、新規顧客を開拓するために多くの資金を投入して広告をうつはずだ。しかし、今は広告がなかなか効かない時代だ。初めのうちはクーポンを大量に発行し、赤字覚悟で顧客獲得にチャレンジすることも必要かもしれない。

　これはお金がかかる上に、リスクの高い話だ。それゆえ、綿密な事業計画と、長い承認プロセスが必要となることが予測される。

　想像するだけで、大変な仕事だと感じるだろう。しかし、シリコンバレーのスタートアップは、**驚くようなやり方で現実に向き合い、すばやく事業を立ち上げていくのだ。**

　ここでDoorDashが立ち上がった2013年に時計の針をもどしてみよう。当時は学生で、資金も持ち合わせていなかったDoorDashの創業メンバーは、いったいどのような方法で、このサービスを立ち上げ、同分野でトップシェアを得るまでに成長させてきたのだろうか。

## 最小機能製品ヒストリー①
# 1時間でランディングページを立ち上げた

　彼らがこのアイデアを思いついたのは、大学の講義中だった。まず
は1時間ほどかけて、簡単なランディングページ（サービスの内容や問い
合わせなどをまとめた1枚のページ）を作成して公開したのだ。それは、近
所のレストランのメニューの写真、それに注文のための電話番号を載
せただけのシンプルなものだった。

## 最小機能製品ヒストリー②
# 初めての注文が来た

　ランディングページを公開し、授業を終えて家に帰ろうとしている
彼らの元に電話がかかってきた。それはページを見た大学の教員から
で「タイ料理を届けてほしい」という問い合わせだった。

　普通なら「すみません。あれは講義でつくったもので、なんにもで
きていないんです」と対応するところ。しかし彼らは、なんとその場
で注文を受けてしまう。そしてその足でタイ料理屋に行き、自分たち
で注文し、その料理を届けたのだ。アイデアを思いついた初日に受け
た、彼らの最初の受注だった。

## 最小機能製品ヒストリー③
# 顧客のニーズがあることを確認

　しかも、その翌日は2件、さらに5件、7件、10件と日増しに顧客が
増えていったのだ。ここには確かなニーズが存在すると彼らは考えた。
特に、大学内での注文が多かったという。

**最小機能製品ヒストリー④**

## 自分たちでデリバリーと顧客サポート

しかし、いきなりお金をかけるといったことはしない。いや、そんなお金など持っていない学生たちだ。彼らは、授業の合間にデリバリーや顧客サポート、大学内でチラシを配るなど自分たちのできる範囲で働き、サービスを回しはじめた。このときに彼らが大切にしたのは、直接顧客と接触することで受けられるフィードバックだった。

開始から数ヶ月はすべての顧客からフィードバックをもらい、改善し続けた。例えば、ある顧客がハンバーグを注文したら、「僕もあの店のハンバーグ、好きなんです。おいしかったですか？」「どのように私たちのサービスを知ってくれたのでしょうか？」と、親しみを込めたメールを出した。人間味のある対応をすることで、顧客は喜んでくれる上に、内容の濃いフィードバックをくれることがわかった。

**最小機能製品ヒストリー⑤**

## 使えるものは全部使う

また、彼らはコストを最小限に抑えた。決済には初期費用無料のクレジットカード決済アプリのSquareを導入し、Google Docsを使って注文状況を把握、Appleの「友人を探す」でドライバーの現在地を確認するなど、無料で使えるものはすべて使って、最小限のコストで運営し、サービスの質を向上することに集中したのである。

この話からわかるように、**できるだけお金をかけないで、すばらしい顧客体験を生み出すこと。これが最小機能製品をつくる上でのカギになる。**

投資家からお金を調達すれば「いつまでに上場する」などの取り決め（投資契約）が発生してしまうし、銀行からお金を借りれば「いつまでに返済する」という約束（金銭消費貸借契約書）ができてしまう。

しかし、**投資家や銀行に提出した計画はあくまで机上のものであり、この計画がそのまま順調に達成できることはほとんどない。** するといつしか、経営者の意識は、自分らしさの追求やすばらしい顧客体験をつくることよりも、お金をつくる約束に意識が向いてしまう。そしていつしか、お金を稼ぐための事業に変貌していく。

だからこそ、もしあなたがほんとうに「自分らしい事業」をつくりたいのであれば、お金をできるだけかけないことが大切なのだ。

## ChatGPT

最小機能製品のアイデアも ChatGPT に聞いてみよう。

---

**質問例**
（壁打ちの続き）このサービスの最小機能製品はどのようなものになるかを教えて。

**▶ ChatGPT 回答例**

最小機能製品（Minimum Viable Product: MVP）は、製品の核となる機能だけを備えている最小限のバージョンです。この「やる気に満ちたチームづくりを学ぶオンライン教室」において MVP は以下のようになるでしょう。
**オンラインプラットフォーム**
ユーザーアカウント作成機能：メールアドレスとパスワードでログインできる基本的なシステム。
基本のコースカリキュラム：モチベーション高揚、コミュニケーション強化、心理的安全性の確保などの基本トピックをカバーする数種のビデオ・記事。
実習課題：ビデオ・記事の後に実践できる短い課題やケーススタディ。
**コミュニケーション**
オンラインチャットまたはフォーラム：受講者が質問したり経験を共有できる場。
**フィードバックメカニズム**
簡単なアンケートやフィードバックフォーム：コースの最後に簡単なフィードバックを収集する。
このような MVP をリリースすることで、ユーザーからの早期フィードバックを、　〜以下略

# 最適価格を見つけるための考え方

　最小機能製品をつくったら、PSF のインタビューをもとに価格を設定する必要がある。

　この段階でどこまで精緻に価格を把握すべきかについては製品サービスによって判断が分かれるが、最適価格を知るための質問方法の1つ「PSM 分析」を紹介しておこう。

　PSM（Price Sensitivity Measurement ＝価格感度測定）分析は、顧客に対して製品サービスを見せて、実際にどの程度の価格であれば購入するかを聞き取ることで、最適な価格を見つける調査・分析の手法だ。

①いくらから高いと感じはじめますか？
②いくらから安いと感じはじめますか？
③いくらから高すぎて買えないと感じはじめますか？
④いくらから安すぎて品質に問題があるのではと感じはじめますか？

　この4つの質問をして、右のグラフの中央に位置するくらいの価格を適正と考えるのだ。

　手間はかかるが、もし最適価格について知りたい場合は、この手法を試してみることをおすすめしたい。

## 精緻に最適価格を知りたい場合の質問方法

① いくらから高いと感じはじめますか？
② いくらから安いと感じはじめますか？
③ いくらから高すぎて買えないと感じはじめますか？
④ いくらから安すぎて品質に問題があるのではと感じはじめますか？

### グラフの中央に位置するくらいの価格が適正となる

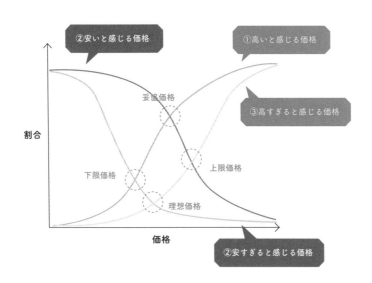

**2**

# 「はじめの100人」
# をつくる

## 信頼関係があり、
## 思いを共有できる100人を見つけよう

　最小機能製品をつくったら、躊躇せずに事業をはじめよう。最初の
目標は「100人のお客さん＝はじめの100人」をつくることである。
「はじめの100人」の顧客をつくることは、起業家にとって最初に立
ちはだかる高い壁なのだ。例えばいきなり広告を打って、関係性がで
きていない人にはじめの顧客になってもらうことは難しいし、仮に
なってもらったとしても、うまくいかないことが多い。

　はじめの100人は、以下の3点を意識することが大切だ。

①「知らない人」よりも「自分を信用してくれる人」
②「機能だけを求める人」よりも「思いがつながる人」
③「使うだけの人」よりも「一緒に育ててくれる人」

「製品サービスは使えるかどうかわからないけど、あなたを信頼しているし、それをつくった思いに共感するから、最初の顧客になるよ」と言ってくれる人。身近にいる人から、そんな人を探してみよう。そして「売る・使う」というより「一緒に育ててもらう」という意識で接することだ。

CPFやPSFのステップでインタビューした人は、これまでの経過の一部を共有しているため、はじめの100人には最適だ。

また、自分が所属するコミュニティの中にペルソナがいれば、その人もはじめの100人に最適だろう。その人たちに製品サービスに関する意見をもらいながら一緒に育ててもらえるのであれば、ほんとうにありがたいことだ。

そうして1人、5人、10人、100人……と丁寧に増やしていくのである。この100人とは特に、一期一会の気持ちを込めて会話を重ねていくことが大切だ。そして、この人たちにアハ・モーメントを届けることに集中しよう。

## 初期ユーザー1000人を獲得する方法

はじめの100人の意見に耳を傾け、製品サービスが成長してきたら、少しずつ自分から距離のある人に広めていこう。

米国の IT ベンチャー系の記事を得意とするニュース配信サイトの TechCrunch が『人気アプリは、いかにして初期ユーザー 1000 人を獲得したのか？』という興味深い記事を出している。そこからピックアップして紹介しよう。

今や誰もが知るような人気アプリでも、立ち上げ初期というのは顧客を獲得するために大変な苦労をしているものだ。

## オンライン／オフラインで出会う

顧客との出会い方はさまざまあるが、先ほど紹介した DoorDash は大学内でビラを撒いて顧客との接点をつくり、オフラインでの接触を図った。

巨大企業になった Netflix だが、彼らも起ち上げ期には苦労している。初期には有能なライターを採用して DVD ファンのネットフォーラムに参加してもらい、そこから友人の輪を広げてエバンジェリストに紹介するという流れで、オンラインで最初の顧客を探した。

## 友人に紹介してもらう

無理にお願いするのはよくないが、友人がその製品サービスを気に入ってくれたら、無理のない範囲で紹介してもらう方法もある。

この方法で初期ユーザーを獲得した有名な事例に Facebook がある。映画にもなったのでご存知の方も多いだろうが、Facebook は創業者であるマーク・ザッカーバーグの通っていたスタンフォード大学の、学生向けサービスとしてスタートした。初期ユーザーの獲得においては、リリース時に数名の友人を招待し使ってもらうことから開

始。そして、約300人が登録する学生寮のメーリングリストに招待の案内を送った。瞬く間にほかの寮にも話が広まっていき、開発完了から24時間以内で1200〜1500人が登録したという。

## 限定的に招待する

また、登録者が仕事やキャリアに関する情報を取得したり、そこから仕事を受発注したりすることに特化したビジネス特化型SNSのLinkedInの事例も面白い。LinkedInは初期ユーザーを、創業者たちの知り合いで「ビジネスにおいて実績のある人たち」に厳選したのだ。

彼らは初期ユーザーの質を高めることで、周囲から憧れられるブランドをつくり上げた。

創業者たちがすでに実績がある状態であり、ネットワークも持っていたので成立した方法ではあるが、成功した人や会社ほど常に採用する人材を探しているため、この作戦がプロダクトの成功に大きく貢献した。

写真共有サービスのPinterestも初期顧客を限定するという手法をとっている。彼らはまず最初に招待制のコミュニティをつくり、初期ユーザーをデザインブロガーをはじめクリエイターに限定した。このアイデアが功を奏して、デザイン性の高い投稿が集中し、場の雰囲気が醸成されていく。すると、「ここは情報を共有する場所なんだ」という共通認識が生まれ、次第にカルチャーとして浸透していったのだ。

## ウェイティングリストをつくる

　提供価値やブランドイメージに自信がある場合は「ウェイティングリストをつくる」という方法もある。製品サービスの本格的な開始前に、興味のある人にはあらかじめ登録しておいてもらうやり方だ。次の「PMF（製品市場フィット）にチャレンジする」のところで詳しく紹介するが、メールアプリのスタートアップであるSuperhumanはこの手法をとっている。

## インフルエンサーやメディアを活用する

　ペルソナと思えるようなインフルエンサーがいれば、その人に協力を依頼するのもいいだろう。SNS時代にはとても効果的な手法であるが、当然コストがかかる場合もあるので、そこは念頭においておこう。

　プレスリリースを打つなど既存メディアを活用することで、初期ユーザーの獲得につなげることもできる。ただ、コストもかかる上、メディアの影響力は昔ほど強くない時代になってきている。本当にフィットするメディアがあり、かつメディア側が好むストーリーがあるかといった点をよく考えて、活用するかどうか検討しよう。

　主な初期ユーザーの獲得は以下の方法にまとめられるだろう。

① オフラインで出会う（ペルソナはどこにいる？）
② オンラインで出会う（ペルソナはどのサイトにいる？）
③ 友だちに紹介してもらう（友だちはペルソナ？）
④ 限定的に招待する（提供価値やブランドイメージに自信がある）

⑤ ウェイティングリストをつくる（提供価値やブランドイメージに自信がある）

⑥ インフルエンサーを活用する（誰がペルソナ？　どう話してもらう？）

　次のページで事例を一覧にしたので、参考にできそうなものがあればぜひ活用してみよう。

```
ChatGPT
```

　最小機能製品の概要と理想とするはじめ100人のイメージを伝えた上で、初期ユーザーの最適な獲得方法を聞いてみよう。

---

**質問例**
（壁打ちの続き）この最小機能製品をもとに、商売をはじめたいと思います。はじめの100人は、次のような人たちに使ってほしいと思ってます。このような方々に、どのように伝えて、顧客になってもらえるでしょう？
# はじめの100人
「知らない人」よりも「自分を信用してくれる人」
「機能だけを求める人」よりも「思いがつながる人」
「使うだけの人」よりも「一緒に育ててくれる人」

▶ChatGPT 回答例

はじめの100人に対するマーケティング戦略は、製品が成功するかどうかを決定する非常に重要なステップです。以下の方法でターゲットとする人々に伝え、彼らが顧客になるように動くことができるでしょう。

**パーソナルなコネクションを活用する**
信用してくれる人たちには直接メールやメッセージを送って、サービスについて説明します。これによって、既存の信頼関係を活用できます。
**ストーリーテリング**
自分のビジョンや製品が解決する課題、それがなぜ重要なのか、ストーリーを共有します。思いがつながる人たちは、単なる機能以上の何かに惹かれます。
**コミュニティ作り**
早い段階でコミュニティを作ることで、ユーザー同士のエンゲージメントとフィードバックが生まれます。これが一緒に育ててくれる人を惹きつけます。　　〜以下略

[ 初期ユーザー獲得方法の事例一覧 ]

| オフラインで出会う | |
|---|---|
| Tinder<br>（ティンダー） | 創業メンバーが大学内で走りまわり「自分に興味を持つ独身と出会える」とアプリを紹介した。 |
| DoorDash<br>（ドアダッシュ） | 6ドルの配達フィーで需要があるかを確認するためにサイトをつくり、さらに大学内でチラシをバラまいた。 |
| Uber<br>（ウーバー） | 郊外の駅やX（旧Twitter）本社でリファラルコード（割引きになる番号）をばらまいた。 |
| Snapchat<br>（スナップチャット） | CEOがショッピングモールに出向き、そこにいる人たちに「消える写真を送ってみたいか？」と聞いてチラシをバラまいた。 |

| オンラインで出会う | |
|---|---|
| Dropbox<br>（ドロップボックス） | 「USBドライブを捨てよう」という見出しをつけた製品デモ動画をソーシャルニュースサイトのHacker Newsに投稿。 |
| Netflix<br>（ネットフリックス） | 採用した有能なライターにDVDファンのネットフォーラムに参加してもらい、友人の輪を広げ、エバンジェリストに紹介した。 |
| Product Hunt<br>（プロダクトハント） | 初期の3000人は最初の3日で獲得、続く2万人は初期ユーザーの中のエバンジェリストと1対1の関係性をつくりその人の力を借りる。2万人以降は友人紹介インセンティブ（紹介の都度5ドル、最大50ドル）で獲得。 |
| Buffer<br>（バッファー） | 最初の9ヶ月間で外部ブログに150件の記事を書き続ける。投稿内容や頻度を学習し、最終的には初期ユーザー10万人を獲得。 |

| 友達にお願いする | |
|---|---|
| Facebook<br>（フェイスブック） | CEOのザッカーバーグが完成時に数名の友人を招待。その友人が学生寮300人のメーリングリストに送ることをすすめた。さらにほかの寮にもサイトの話が回る。開発完了してから24時間以内で1200〜1500人が登録した。 |
| Slack<br>（スラック） | 友人たちに頼みこんで利用してもらい、フィードバックをもらう。最初の6社から10社はこれで獲得した。 |
| Yelp<br>（イェルプ） | 知り合いにお願いして初期ユーザーになってもらい、その人たちにさらに友人の招待を依頼。それだけで1000人ほどを獲得。1人のリファラルネットワークを侮らないことが大切で、招待してもらう動機づけや方法を考えることがポイント。 |

出典：TechCrunch「人気C向けアプリはいかにして初期ユーザー1000人を獲得したのか？」

| 限定的に招待する | |
|---|---|
| LinkedIn（リンクトイン） | 最初にCEOの知り合いに初期ユーザーになってもらい、ユーザーの質を高めることで、憧れられるブランドをつくった。成功した人や会社ほど常に採用する人材を探していることから、この作戦がプロダクト成功に大きく貢献した。 |
| Pinterest（ピンタレスト） | 招待制のコミュニティをつくる。初期ユーザーはデザインブロガーなど。招待するのは「ユニークなアイデアとクリエイティブな人たちに限定」と伝える。 |
| Product Hunt（プロダクトハント） | プロトタイプのインタビューをした人やプロダクト関連の人に限定してコミュニティ化。コミュニティ限定で、MVP完成後にURLを告知（その際、URLをシェアしないようにお願い）。プロダクトに愛着が生まれ、すぐに100人が利用してくれた。 |
| **ウェイティングリストをつくる** | |
| Superhuman（スーパーヒューマン） | 開発中に最小のランディングページを公開し、メールアドレスの入力のみでウェイティングリストに登録。メールが入力されると2つの質問「どのメールブラウザを使っている？」「メールの不満は何？」を自動配信。 |
| Robinhood（ロビンフッド） | 超シンプルなランディングページを作成し、メールアドレスの入力のみで、ウェイティングリストに登録。登録者がリストの何人中、何番目の登録かを表示。Hacker NewsというWebメディアに取り上げられ、すぐに話題になった。 |
| **インフルエンサーを活用する** | |
| Product Hunt（プロダクトハント） | サービスに合ったインフルエンサーを探し、一人ひとりに自分たちのストーリーを説明した。いい寄稿者をつくり、フィードバックをもらいやすい状況をつくっていった。 |
| Instagram（インスタグラム） | いい写真家やX（旧Twitter）のフォロワー数が多いデザイナーに初期ユーザーになってもらい、良質なコンテンツを創り出した。それをみたJack Dorsey（Twitter創業者）がシェアし、知名度が向上。さらなる初期ユーザーの獲得につなげた。 |
| **PRやメディアを活用する** | |
| Airbnb（エアビーアンドビー） | ターニングポイントは、宿泊施設が逼迫することがわかっていた2008年の民主党全国委員会。当時、無名だったAirbnbは、まずは小さいオーディエンスを持つブロガーにあたり、利用体験を記事にしてもらった。影響力の少ないブロガーの投稿ではあったが、それらを大きいメディアが取り上げはじめる。それが加速して、最終的にはテレビのインタビューに結びついた。 |
| Instagram（インスタグラム） | PR会社を使わずに直接メディアにコンタクトを取り、創業者自身がプロダクトのよさを熱く語った。また、プロダクトを好きになりそうな記者には躊躇なく連絡した。多くの人は「New York Timesに連絡しても意味がない」と言ったが、連絡してみると、話すだけではなく、直接会いにきてくれた。その後NYTで記事になり、サーバーはパンクした。 |

**3**

# PMF（製品市場フィット）に チャレンジする

## PMFしたかどうのカギを握る"40％"

　米国の投資家でありソフトウェアの開発者であるマーク・アンドリーセンはこんなことを言っている。

　*PMF がないときはいつだってわかる。カスタマーは製品に価値を感じていないし、クチコミは広がらない。製品の利用も、そこまで早く成長しないし、メディアによるレビューもあやふやだ。営業サイクルは長すぎて、案件がなかなかクローズしない。*
　*PMF したときも誰が見てもわかる。顧客は製品ができた瞬間に購入していき、製品利用にサーバーが追いつかず、会社の銀行口座に売上があふれる。営業やカスタマーサービスの採用が追いつかなくなり、あなたの会社を聞いたメディアから電話が鳴り止まない。*

　PMFになった状態、製品が市場にフィットしたときとは、このように観測しやすいものだ。逆にいえば、このような状態になる前は、無理な投資や組織の拡大をせず、製品サービスをよくすることに集中すべきということだ。

　では、このPMFに近づいているか否かを測定するにはどうすればいいのか。シリコンバレーでは、「ショーン・エリスのテスト」が使われるのが一般的だ。

　このテストはとてもシンプルなものだ。「もし、この製品サービスが使えなくなったとしたら、あなたはどう感じますか?」と顧客に質問し、その回答結果で判断する。

① 非常に残念である
② まあまあ残念である
③ 残念ではない（あまり便利ではなかった）
④ もうこの製品サービスを使っていない

　この4つの選択肢から答えてもらい、40％以上のユーザーが「非常に残念」と答えたのであれば、この製品サービスは特定のペルソナにとっては「絶対に必要な製品」であり、今後も継続的に顧客を獲得できるとされる。そのため、スタートアップにとってはPMFのステップにおいて、この40％を超えることが非常に重要視されている。

　ショーン・エリスによると、40％という数値は数百社のスタートアップを参考にして決めたものであり、40％以上を獲得したスタートアップは、ビジネスを継続的に拡大しているという。

逆に、40%を大きく下回るとたいてい苦戦しているそうだ。

ただし、最初の100人は評価が甘くなりがちなものだ。自分自身と直接的な関係性のない顧客の評価が40%を超えたとき、PMFに達したと判断できるだろう。

## 22%→32%→58%を達成し PMFしたSuperhuman

PMFをうまく超えた事例にメールアプリのSuperhumanがある。

Superhumanは月額30ドルでメールのやり取りを高速化することをうたったサービスだが、「メールを高速化するためだけに月30ドルは高いな……」と思ってしまう人が多いのではないだろうか。

この高いハードルをクリアするために、Superhumanはどのようなアプローチをとったのだろうか。

### ユーザーと対話を重ねながらペルソナを絞りに絞る

まず彼らは、最小機能製品を開発し、使ってくれたユーザーに4つの質問をした。

①明日からもうSuperhumanが使えなくなったとしたらどう思いますか？

②Superhumanを使ってもっとも助かると思うのはどういう人だと思

いますか?

③ あなたが Superhuman を使って、一番よかった機能は何ですか?

④ Superhuman をよりよくするとしたら何が必要ですか?

　シンプルで、いい問いだ。アンケートで問いをつくる場合、「念のために」と多くの質問を投げかけてしまいがちだが、それはユーザーにとっては迷惑なこと。せっかくのアハ・モーメントも台無しになってしまう。**ユーザー視点で、問いも最小機能でシンプルにすることが大切だ。**では、この問いの結果とアクションを見ていこう。

　①の質問に対して「すごく失望する」と答えたユーザーは全体の22%だった。ショーン・エリスのテストの目標である40%に達していなかったため、顧客属性を「創業者」「役員」「マネージャー」「事業開発者」に絞り込んで再度①を検証したところ、32%にアップすることがわかった。

　そこで、この顧客属性と②の質問の回答を参考にしながら、当初想定のペルソナを変更することにした。結果がよくなかったときに「対象を広げる」という思考ではなく「対象を絞る」という選択をしたことが、まず注目すべきところだろう。

　そして、彼らは新しいペルソナ像をより明確にイメージできるように「ニコル」という名をつけて、次のようなストーリーとともに社内で共有した。

　ニコルは多くの人々と関わる勤勉なプロフェッショナルです。例えば、彼女は経営者、創設者、マネージャー、または事業開発担当者である可能性があります。ニコルの労働時間は平日も長く、週末に働くこともよくあります。「とても忙しく、もっと時間があればいいのに

……」と思っていますが、その中でも効率よくスピーディに業務をこなせていると考えています。ただ、もっとうまくやれるとも考えており、そのための方法を探しています。平均して、1 日で 100 〜 200 通のメールを読み、15 〜 40 通のメールを送信します。ただ、非常に忙しい日には 80 通に及ぶこともあり、彼女は 1 日の仕事のほとんどをメールのやり取りに費やしています。

ニコルは、即座に返信することが非常に重要であると考えており、またそうすることに誇りを持っています。返信がないと相手のチームの活動が滞ってしまい、そのせいで評判が悪くなったり、ビジネスチャンスを逃してしまったりする可能性があると感じているからです。彼女はメールの受信箱の未読を常に0にすることを目指していますが、達成できるのはせいぜい週に 2 〜 3 回。非常にまれに、おそらく 1 年に 1 回、メールを一括消去します。

彼女は成長への意識が高く、新しい製品サービスに対してもオープンで、最新のテクノロジーにもを常にアンテナを張っています。しかし、メールについては何も考えを巡らせていないか、新しいメールサービスで本当に仕事が早くなるのかに懐疑的である可能性があります。

ここまでペルソナを具体的にしていくと、いろいろなことが見えてくるだろう。

続いて、彼らは①の質問で「すごく失望する」と回答した愛着度の高いユーザー（以下、愛着ユーザーと略）のみを対象として、彼らがなぜ使い続けたいと感じているのかを探るために、③の質問への回答を分析したところ、「スピード」であることがわかった。アハ・モーメント

の誘因がスピードであることへの確信を得たのだ。

　さらに、彼らは「愛着ユーザー」を広げるために、どんな機能を強化すればいいのかを探った。具体的には、まず①の質問で「まあまあ残念」と答えた人のうち、③で「スピード」と回答した人たちを抽出した。**何かが変われば「愛着ユーザー」になってくれる「準愛着ユーザー」として選別したのだ。**その上で「準愛着ユーザー」がどんな機能を強化してほしいかを④の回答で探ったところ、「モバイル機能」や「機能の統合化」があると、この製品がよりよくなると考えていることがわかった。

　数多くの機能群のうち、最小機能製品に加えるべきはどれか。どの機能を優先して開発すればいいのかを見つける必要がある。多くの場合「対象を広げる」視点になり、ユーザーが望んでいない機能を多くつけてしまいがちだが、ここでも「対象を絞る」ことにこだわっている点が参考になるだろう。

　このアンケート結果から、彼らは「愛着ユーザーの望む機能の強化」と「準愛着ユーザーの望む機能の追加」を2チームに分かれて並行開発した。その結果、ショーン・エリスの指標である愛着ユーザー比率が、32％から58％まで上昇したのである。

　市場とフィットしたSuperhumanは強かった。サービスが正式に発表されると、なんと18万人もの人がウェイティングリストに登録した。PMFという言葉を世に広めたマーク・アンドリーセンも絶賛し、2019年当時の企業価値で約300億円と、投資家からも高評価を得る結果につながったのだ。

## 40%超えを達成したSuperhumanの事例

初期ユーザーへの最初の質問

① 明日からもうSuperhumanが使えなくなったとしたらどう思いますか?

② Superhumanを使ってもっとも助かると思うのはどういう人だと思いますか?

③ あなたがSuperhumanを使って、一番よかった機能は何ですか?

④ Superhumanをよりよくするとしたら何が必要ですか?

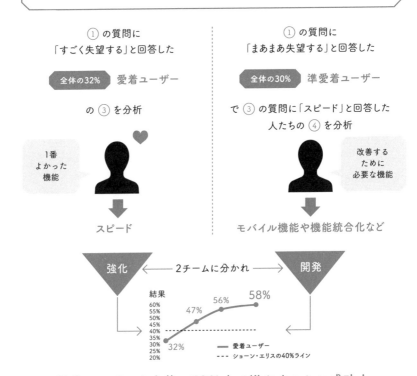

愛着ユーザーを全体の58%まで増やすことに成功!

出典:First Round Review『How Superhuman Built an Engine to Find Product Market Fit』

# PMFの定性的な検証におけるポイント

　まだ客層を広げていない定性的な段階での検証のポイントは、次の3点のリスクを考えることだ。

① 製品リスク：MVP の独自価値は理解されているか？
② 顧客リスク：最も効果的な顧客チャネルは何か？
③ 市場リスク：MVP はいくらで売れるか？

　①では他社と異なる独自の機能価値や情緒価値が、顧客に届いているかを考える。
　②は、マーケティングの観点から最も顧客に近い販売経路を発見することをさす。
　そして③はストレートに、この最小機能製品はいくらならお金を出してもらえるかの検証だ。

　①〜③を意識しながら、「ショーン・エリスのテスト」で"40%"を超えることを目指そう。

# 4

# 成長エンジンを磨き、ファンをひろげる

## 事業を成長させる3つのエンジン

　定性的な検証のプロセスを乗り越えることで、その製品サービスは市場にフィットしたレベルに磨かれているはずだ。

　ここからは製品サービスの「何を磨くことで事業が広がるのか」を見極め、それを実践するというプロセスに入っていく。この磨く部分、成長のための源泉を「成長エンジン」という。成長エンジンには、次の3つのタイプがある。

① 持続エンジン
② 紹介エンジン
③ 価値エンジン

　あなたの考えている製品サービスはどれに当たるだろうか。

### 成長エンジン①
## 持続エンジン

①持続エンジンは「粘着型成長エンジン」とも呼ばれる。顧客の定着率が高い製品サービスが持つ特徴で、典型的な例としてAmazonをあげておこう。

一度Amazonで買い物をしたユーザーは、その使い勝手のよさや豊富な在庫にアハ・モーメントを感じる。日常品がほぼカバーされているため、Amazonに行けば「何でも見つかり、明日には届く」という記憶が刻まれていく。さらにAmazonプライムなどリーズナブルなサブスクも用意されているため、このサービスに登録した多くのユーザーは高い確率で定着する。

インターネットプロバイダ、サブスク系サービスなどが、この持続エンジン・粘着型成長エンジンにあてはまる。

### 成長エンジン②
## 紹介エンジン

②紹介エンジンは「ウイルス型成長エンジン」とも呼ばれる。ユーザーがユーザーを呼んでくれる製品サービスが持つ特徴で、典型的な例としてFacebookをあげておこう。

Facebookでは、つながる友達の数が多ければ多いほど、サービス内で交流ができるため、利用価値が高まっていく。このようにユーザーに顧客紹介のインセンティブがあるサービスは、広告せずとも口コミで広がってゆく。

　参考までだが、一定期間における顧客1人あたりの紹介数をウイルス係数と呼び、この係数が1以上になるサービスは、指数関数的に成長していく。例えば1ヶ月でウイルス係数が1となるサービスは、解約率を考慮しない場合、毎月「倍倍」で成長していくことになる。SNSなどがあてはまる。

**成長エンジン③**
## 価値エンジン

　③価値エンジンは「支出型成長エンジン」とも呼ばれる。高い付加価値により利益率が高い製品サービスが持つ特徴で、典型的な例として Apple をあげておこう。

　Apple は他社に真似できない独自価値を持つプロダクトを提供することで、熱狂的なファンがついている。それにより競合商品と比較して高い利益率を維持できるため、積極的な広告投資が可能となり、それが独自イメージをつくり出すという好循環を生み出している。

　このときに大切となるのが「顧客生涯価値 = LTV（Life Time Value）／ライフタイムバリュー」だ。 これは、1人の顧客が初回の購入からそのサービスの使用を止めるまでにどのくらいの利益をもたらしてくれるかを表す指標である。一般的には「LTV ＞顧客獲得コスト ×3」を維持できると、無理なく健全な成長を見込めるとされる。

　例えば、1個あたりの粗利が2000円、平均使用期間が2年の化粧品があったとしよう。この化粧品の LTV は「2000円 ×24 ヶ月＝4万8000円」となり、「LTV ＞顧客獲得コスト ×3」の公式に当てはめて考えると、CPA（顧客獲得単価）で1万6000円以下の広告コストは健全な範囲ということだ。

> **3つの成長エンジン**
>
> ① **持続エンジン**（粘着型、Amazonタイプ）
> 粘着型成長エンジンを使う製品は、顧客の高い定着率（または低い解約率）に依存する。例えば、電話やインターネットのプロバイダ、サブスク・サービスなど。解約率とは、製品を使わなくなり、一定期間がたった顧客の割合を指す。「顧客獲得率＞解約率」であれば、ビジネスが成立する。
>
> ② **紹介エンジン**（ウイルス型、Facebookタイプ）
> ウイルス型成長エンジンを使う製品は、顧客の紹介に依存する。SNSなど、製品の機能に顧客紹介の機能が組み込まれていることが多い。また、顧客1人あたりの紹介数をウイルス係数と呼ぶ。そして「ウイルス係数＞1」であれば、ビジネスが指数関数的に成長する。
>
> ③ **価値エンジン**（支出型、Appleタイプ）
> 支出型成長エンジンを使う製品は、顧客からの収益（顧客生涯価値）の一部を顧客獲得の活動（広告・店舗・営業など）に再投資することに依存する。「顧客生涯価値＞顧客獲得コスト」であれば、ビジネスが成長する。経験則では「顧客生涯価値＞顧客獲得コスト×3」を維持できると健全な成長が見込めると考えられている。

出典：アッシュ・マウリャ著『Running Lean──実践リーンスタートアップ』

# あなたの製品サービスの成長エンジンはどれか？

　3つの成長エンジンのうち、どのタイプが自分の製品サービスにフィットするだろうか？

　持続エンジンにフィットするようであれば、「使い続けたい」と思ってもらうにはどうすればいいか、紹介エンジンなら友達に紹介したいと思ってもらうにはどうしたらいいかを考えよう。
　価値エンジンであれば、お金を支払う価値があると思ってもらうためにはどうすればいいかを考える必要があるだろう。

> ChatGPT

　回答例では、サービス名を入れてどの成長エンジンが適しているか質問しただけで、そのサービスの特性や設定したターゲットを考慮した回答をしてくれている。

　それは、一貫して同じテーマで ChatGPT に質問をし続けているからだ。同じテーマで質問を重ねていくと、ChatGPT の回答の精度も上がってくる。

---

**質問例**
（壁打ちの続き）このサービスの成長エンジンは「持続エンジン」「紹介エンジン」「価値エンジン」のどれ？どこに力点をおいて成長すればいいかを教えて。

**▶ ChatGPT 回答例**

サービスの特性や目標顧客層（成長意欲が高く、リーダーとしての悩みを解決したい社会人）を考慮すると、以下のような成長エンジンが考えられます。

**持続エンジン（Sustainability Engine）**
ユーザーが一度サービスを使用すると、その価値を高く評価し、継続して使用する可能性が高いと考えられます。高品質のコンテンツとサービスを提供し、ユーザーが継続的に価値を感じるように工夫する。

**紹介エンジン（Referral Engine）**
このサービスが社内のチームや仲間に有益であれば、「一緒に育ててくれる人」が自然と他の人に紹介する可能性があります。ユーザーが簡単に他人に紹介できる仕組み（紹介プログラム、シェア機能など）を設ける。

**価値エンジン（Value Engine）**
高い成長意欲を持つこのターゲット層は、価値を感じれば高い価格でも購入する可能性があります。プレミアムプランや特別な付加価値（例：専門家との1on1セッション、専用コミュニティへのアクセスなど）を提供する。

これらのエンジンを総合的に考慮すると「紹介エンジン」に特に力を入れるのが良いでしょう。信頼してくれる人たちと「思いがつながる人」、さらには「一緒に育ててくれる人」をターゲットにしているので、口コミや紹介による成長が最も効果的だと考えられます。ただし、紹介されるためには継続的な価値提供（持続エンジン）と高度な付加価値（価値エンジン）も必要なので、これらもバランス良く進めていくことが重要です。

# マーケティングの課題を解決する 「AARRRモデル」

ここで、参考までに AARRR（アー）モデルにも触れておこう。

AARRR モデルとは、ユーザーの状況を5段階で分析し、改善を積み重ねてマーケティングの課題を解決していくためのフレームワークだ。

以下のようにユーザーの獲得から収益化まで、5段階の頭文字をとって AARRR モデルと呼ばれている。

- Acquisition（獲得＝出会う）
- Activation（活性化＝使いはじめる）
- Retention（継続＝持続する）
- Referral（紹介＝友人に紹介する）
- Revenue（収益＝お金を支払う）

各段階における数値目標を設定し、常に測定しながら、技術的に事業の成長を図っていく手法を AARRR モデルによるグロースハックという。

特に、アプリや Web サイトなどオンラインで事業を行う際に、とても使いやすいフレームワークだ。

例えば、アプリの場合を考えてみよう。まず「Acguisition ＝出会う」はいかにアプリストアに来てもらうか。訪問者数が指標になるだろう。「Activation ＝使いはじめる」は、いかにダウンロードしてもら

うかで、そのままダウンロード数を目標に置くのがいいだろう。その
あとは「Retention＝持続する」、つまり使いはじめたあとに、継続的
に使用してもらえるかどうか。ここでは定着率を測る。

　製品サービスの成長の源泉が紹介エンジンの場合は、「Referral＝
友人に紹介する」は非常に重要な段階だ。口コミなどで紹介してもら
うことで、コストを抑えながら製品サービスを広げていくことができ
る。最後は「Revenue＝お金を支払う」で、測定するのは課金率にな
るだろう。

　ただし、過度に数値に意識が向くと、数値化されない大切なことを
見失ってしまう可能性もあるので注意したい。

　自分らしい事業を立ち上げるにあたって、数値以上に重要なポイン
トをいくつか紹介しよう。

- そもそもこの製品サービスの社会的な意義は何か
- 自分自身やメンバーにワクワクや充実感があるか
- 顧客はアハ・モーメントを感じてくれているか
- 顧客に広告やメールなどで不快感をあたえていないか
- 過剰な営業活動でブランドイメージを落としていないか

　これらのことを見失っている兆しが見えたときには、常に初心に
立ち返ることをおすすめしたい。

　自分自身の意識を「数字づくり」から「顧客の価値」へシフトする
ことが大切だ。

マーケティングの課題を解決する手法「AARRRモデル」

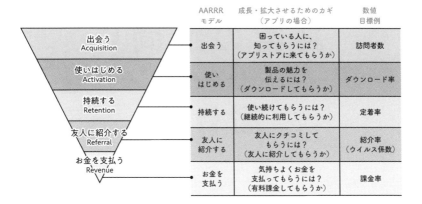

| | AARRR<br>モデル | 成長・拡大させるためのカギ<br>（アプリの場合） | 数値<br>目標例 |
|---|---|---|---|
| 出会う<br>Acquisition | 出会う | 困っている人に、<br>知ってもらうには？<br>（アプリストアに来てもらうか） | 訪問者数 |
| 使いはじめる<br>Activation | 使い<br>はじめる | 製品の魅力を<br>伝えるには？<br>（ダウンロードしてもらうか） | ダウンロード率 |
| 持続する<br>Retention | 持続する | 使い続けてもらうには？<br>（継続的に利用してもらうか） | 定着率 |
| 友人に紹介する<br>Referral | 友人に<br>紹介する | 友人にクチコミして<br>もらうには？<br>（友人に紹介してもらうか） | 紹介率<br>（ウイルス係数） |
| お金を支払う<br>Revenue | お金を<br>支払う | 気持ちよくお金を<br>支払ってもらうには？<br>（有料課金してもらうか） | 課金率 |

## 5

# 真実の瞬間に アハ・モーメントを 届ける

## 真実の瞬間＝ Moment of Truthとは何か？

　ここで、事業の成功において、決定的に大切なことをお伝えしたい。

　事業とは、何回も何回も挫け、その度に活路を見出しながら挑戦していくものであり、本書の手順を踏んだからといって、スムーズに成功するものでは決してない。

　長い道のりの中で、特別なお客さんに出会ったり、素晴らしいパートナーに巡り会えたり、献身的なエンジェル（創業初期のスタートアップに投資をする人）やメンターが登場したりと、予期せぬ偶然により思いもよらぬ幸運、セレンディピティが生まれてゆくものなのだ。

　あなたが一期一会の気持ちで商売すれば、あなたに共感する人が増

えてゆき、その方々があなたの隠れた応援団となり、幸運の発生確率が増してゆく。

そのためにとても大切なもの。それは「**真実の瞬間に、アハ・モーメントを届ける**」ことだ。

この「真実の瞬間（Moment of Truth）」とは、闘牛士が闘牛と接触する「死命を決する瞬間」を指す言葉であるが、今ではビジネス界でもよく使われるようになった。そのきっかけは、1989年に世界的に大ヒットした書籍のタイトルとなったことだ。

## スカンジナビア航空を V字回復に導いた「真実の瞬間」

その著者は、1981年に39歳の若さで、スカンジナビア航空の社長に就任したヤン・カールソンだ。彼は、赤字で瀕死の状態だった同社を、わずか1年で蘇らせ、世界的に注目を集めることになる。若き社長は、いったいどのように奇跡の復活劇を実現したのか。

改革の骨子はシンプルで、全社員の意識を「真実の瞬間」に向けることだった。つまり、彼はビジネスにも「生死を分ける瞬間」が存在すると考えた。「顧客と社員が接触する瞬間」だ。

当時、同社の旅客は年間1000万人。搭乗した旅客は平均で5人の従業員と接し、それぞれ1回あたりの接触時間は15秒ほどだった。つまり、年間5000万回、しかし15秒しかない真実の瞬間に、顧客の脳裏に

ブランドが刻まれるような体験を提供すること。「スカンジナビア航空を選んでよかった」と感じてもらうこと。それが私たちの仕事の意味なのだ。そう全社員に問うたのである。

　その実現のために、カールソンは組織のヒエラルキーを逆転させた。最前線で顧客に接する社員を主役にして「自ら考え、行動する権限」を現場に委ねたのだ。そして4000万ドルの無駄な経費を削減し、4500万ドルをビジョンの浸透に投資した。数字のかわりに、共感できるパーパスを得た社員の士気は一気に高まり、同社のファンを生んでゆく。わずか1年で黒字転換し、1984年には「ビジネス旅行客にとって世界最高の航空会社」に選ばれたのだ。

> スカンジナビア航空の「真実の瞬間」とは、顧客と社員が接する瞬間

**年間、旅客1000万人×接触5回×15秒**

数ある航空会社の中で、スカンジナビア航空が「最良の選択だった」と感じてもらうための最も大切な瞬間

この本の冒頭に、次のようなエピソードが書いてある。

　ある日、空港に到着したルディ・ピーターソンは、航空券をホテルに置き忘れたことに気がついた。その日はとても重要な商談が予定されていた。真っ青になっている彼に、航空券係の社員は回答した。
「ご安心ください。ホテルの部屋番号と滞在先での連絡先を教えていただければ、後はこちらで処理します」

　係員はすぐさまホテルに電話して航空券を見つけ、自社リムジンを手配した。そして航空券は無事、彼の手元に届いた。
「ピーターソン様、航空券でございます」
　おだやかな声に誰より驚いたのは、ピーターソンだった。

　この瞬間、ピーターソンの中でスカンジナビア航空は特別な航空会社となったのだ。
　彼はこのエピソードをきっと誰かに話しただろう。これはインターネットがここまで発達する以前の話であり、もちろんSNSなども存在しない時代のことだ。それでもこの口コミが広がって、スカンジナビア航空は黒字に転換した。

　今世紀に入り、SNSが世界に浸透した。消費者の口コミのパワーは数倍、数十倍にも強まった。このような体験への共感の広がりは、当時の比ではないだろう。

　顧客体験がSNSに投稿されるかどうかは偶然に左右されるが、拡散されやすいケースは確実にある。**それは、顧客の事前期待を大きく上回ったときか、反対に大きく下回ったときだ。**

投稿された内容に対して同じ感想を持ってくれる人がいれば共感を生み、シェアされる。そうやって良い情報も悪い情報も広がっていく。真実の瞬間のインパクトは、カールソンによる経営改革時よりもはるかに威力を増していると言えるだろう。

## 成否のカギを握る、4つの「真実の瞬間（Moment of Truth）」

ビジネスにおける「真実の瞬間」という考え方は、ヤン・カールソンが最初に提唱したものだが、その後、世界的な消費財メーカーのP&Gが経営危機に陥ったときにCEOに就任したアラン・ラフリーが、2005年、メーカーにおける「2つの真実の瞬間」を提唱した。

1つめは「FMOT（1st Moment of Truth）＝店頭で接触する瞬間」、そして2つめが「SMOT（2nd Moment of Truth）＝最初に使用する瞬間」だ。

メーカーにおいて顧客と接するのは人ではなく製品である。製品はスーパーマーケットの店棚で見かけたとき（FMOT）に顧客と初めて出会い、自宅に持ち帰って初めて使うとき（SMOT）にまた出会う。2つの真実の瞬間があると考え、ここに集中して投資することで同社の業績を著しく成長させたのだ。

またP&Gは、インターネットの普及でAmazonのようなオンラインインストアが隆盛してきた2006年には、「3rd Moment of Truth＝顧客からのフィードバックの瞬間」があるとした。

さらに2011年にはGoogleが、検索の視点から「ZMOT（Zero

Moment of Truth）＝ Web で製品情報と接触する瞬間」を提唱した。インターネットの時代、人々は店頭にいく前に Web でまず検索するはずだから、それこそ製品と顧客との最初の出会いであるというわけだ。

**Web で接触する瞬間、店頭で接触する瞬間、実際に使用する瞬間、フィードバックする瞬間。それぞれの時間はほんのわずかであるが、これらの瞬間にいかにして脳裏に刻まれるような体験を提供できるかにかかっている。**

あなたと同じように「自分の人生を、主人公として生きている人たち」が、毎日のように、あなたの商売に興味を持って訪ねてくる。その人とあなたの製品サービスが出会う。そのはかない真実の瞬間に、一期一会の気持ちで接して、アハ・モーメントを提供することができるだろうか。

顧客は、あなたの事業に対する姿勢を冷静に観察するだろう。あなたの姿勢が人々に深く共感されるものであれば、きっと、あなたに幸運がもたらされるだろう。

それを信じて、自信を持って、自分らしい一歩を踏み出そう。

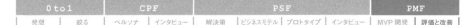
> 成否のカギを握る、4つの「真実の瞬間(Moment of Truth)」

「製品に関する情報を見た瞬間」はどういうとき? どうしたい?

「売り場にある製品を見た瞬間」はどういうとき?どうしたい?

「最初に製品を使う瞬間」はどういうとき?どうしたい?

「製品のフィードバックをする瞬間」はどういうとき?どうしたい?

## PMF(製品市場フィット)の定量的な検証におけるポイント

PMF のプロセスの最後に、PMF を定量的に検証しよう。

PMFにおける定量的な検証のポイントは、成長エンジンをどこに置くかで異なるので、あなたの考えている製品サービスがどの成長エンジンにフィットするかを確認しよう。

製品リスク、顧客リスク、市場リスクの検証のポイントはそれぞれ、次のようになる。

① 製品リスク：〔粘着型〕ユーザー定着率は十分に高いか？
（初月継続率で40％以上）

② 顧客リスク：〔ウイルス型〕顧客推奨は十分に高いか？
（ウィルス係数で100％以上）

③ 市場リスク：〔支出型〕顧客生涯価値は十分に高いか？
（LTV ＞新規顧客獲得費×3）

　製品サービスの特徴に応じて①〜③のリスクを意識しながら、定性
的な検証を重ね、ショーン・エリスのテストでの40％超えを目指そう。
多くの人に使ってもらえるように製品サービスを広めてゆこう。

# 複雑な現実に
# 対応するための
# 奥義

この本でお伝えしてきた「マイクロ起業メソッド」の出番はここまでだ。

最後に、複雑な現実に対応し、進化し続けていくための奥義について触れておきたい。

意外なことに、その答えは日本企業のなかに眠っている。

日本人が長寿なことは世界的に知られているが、日本の組織はそれにも増して長寿であり、環境変化に適応してきた。例えば、2008年、韓国銀行の調査によると、世界に創業200年以上の会社は5586社あるが、そのうち3146社、56%が日本に集中しており、続くドイツ837社、オランダ222社、フランス196社を数で圧倒していた。

この事業長寿の根源にあるのは、江戸時代に生まれた日本の商道徳と考えられており、それは3つの熟語であらわすことができる。

「先義後利」。先に顧客の信頼があり、商売の利益は後から生まれるということ。

「三方よし」。売り手よし、買い手よし、世間よし、で事業は成り立つということ。

「不易流行」。変わらないもののなかに、新しいものを取り入れていくということ。

「先義後利」は信頼と利益、「三方よし」は個人と社会、「不易流行」は信念と革新。この対極を矛盾なく取り入れて、見事に調和させる文化こそ、長寿を生み出すイノベーションの源であり、日本組織の礎といえるだろう。

　そして、この本の骨子となる「マイクロ起業メソッド」は、まさに日本企業の持つ長寿な遺伝子を引き継ぐものだ。

　個人の強みと顧客のニーズを両立させ、利益ではなく貢献を起点とし、信念を大切にしながら環境にフィットさせていく。現代ビジネスの視点から見ると「利に疎い」とも感じられるこの原則こそ、古くて新しい、商売が長続きする極意なのだ。

# マイクロ起業メソッド
## サマリー

最後に、「マイクロ起業メソッド」のまとめに入ろう。

　本書では、アイデアを生み出すことから実際に事業化することまで、必要なステップを1冊に凝縮している。事業づくりをしたことがない方にとっては、知識やフレームワーク、経営理論など情報量が非常に多くなっているはずだ。

　そのため、Chapter ごとのおさらいをここでは行っていく。インプットの整理に役立ててほしい。

　Chapter 0「マイクロ起業メソッドの全体像 —— 幸せ視点で事業をつくる」では、マイクロ起業メソッドの根底にある「幸せ視点」が今なぜ大切なのかを、筆者の起業経験や、世界的な潮流の変化とともに解説した。

　行き過ぎた資本主義の結果として起きたリーマンショックを大きなきっかけに、ビジネスにおける価値観が「お金視点」から「幸せ視点」へとシフトしてきた。

　本書が提案した「マイクロ起業メソッド」は、この「幸せ視点」をベースに構築している。

　つまり、事業づくりのプロセスのあらゆる部分に「自分自身、そして事業に関わるすべての人に幸せが広がるか」という視点を加えている。

　Chapter1以降は、その具体的なメソッドだ。

　Chapter1「0 to 1 —— アイデアを生み出す」では、「0 to 1」の部分、つまりアイデアを0から生み出す方法について解説した。

1 Why ＝なぜ私が？
→自分が本当にしたいことを言語化し、好きや強みを探索する
2 What ＝どんな価値を？
→自分の好きや強みを組み合わせて、
　自分らしいアイデアの種を探索する
3 How ＝どのように提供する？
→アイデアの種をもとに、問いと対話で深掘りし、
　最終的に1つに絞る

　上記のステップに沿って、「自分らしい事業」のコアをつくる方法を見てきたことで、まず「幸せ視点」のアイデアづくりを実感していただけたのではないだろうか。

　そして、Chapter2からChapter4では、「1to100」の部分、具体的な事業化の方法をまとめてきた。

　1to100の基本的なステップは次の通りだ。

Chapter 2：CPF（Customer Problem Fit）＝顧客課題フィット
Chapter 3：PSF（Problem Solution Fit）＝課題解決フィット
Chapter 4：PMF（Product Market Fit）＝製品市場フィット

Chapter 2「CPF —— 顧客に共感し課題を発見する」は、顧客の課題を磨いていく局面だ。

Chapter1で自分が考えたアイデアのペルソナを考え、そのインサイトを探る。性別、年齢、居住地域、所得、職業、家族構成などの人口統計学的な属性ではなく、その人の顔が想像できるくらい、リアリティを持って解像度の高いペルソナを設定することがポイントだった。

インサイトは「本人も自覚していない、潜在意識の中にある欲求」であり、観察したり話を聴いたりするだけでは見えてこない。本書で紹介したワークシートなどを活用して、ぜひペルソナのインサイトを深掘りしてほしい。

Chapter 3「PSF —— 課題に対する解決策を考える」は、解決策を磨く局面だ。

Chapter2で発見したペルソナの課題に対して、ジョブ理論やバリュープロポジション・キャンバスを使い、顧客の望む結果（ゲイン）をもたらし、顧客が抱える強い痛みを感じる悩み（ペイン）を取り除く製品サービスとは何か、顧客の課題とフィットする解決策は何かを考えてきた。

ここまで製品サービス像が固まってくると、ビジネスモデルを考える段階に入る。

本書に掲載したマイクロ起業メソッドキャンバスやビジネスモデル・キャンバスを活用することで、ビジネスモデルの全体像を整理できたはずだ。

　時間やコストをかけずにプロトタイプをつくることも、ここでの重要な
ステップだった。

　そして、最後の Chapter4「PMF ── 市場が受け入れる製品に育てる」
は、製品サービスを磨く局面だ。
　Chapter3まではあくまでも机上で考えるものだったが、Chapter4では
実際に事業をはじめる段階に入る。

　ここでの第一歩は、Chapter3で検証した解決策にもとづく MVP
（Minimum Viable Product ＝最小機能製品）をつくることだった。
　つまり、「その製品サービスを初めて目にする顧客でもすぐ理解できる、
シンプルで最小限の製品サービス」を開発し、実際に体験してもらうのだ。

　MVP ができたら製品サービスを一緒に育ててくれる顧客を探し、1人、
5人、10人、100人……と増やしていく。
　実際の市場で評価をもらい、改善を繰り返し、事業を育てていこう。
　p.231に、マイクロ起業メソッドを簡単にチェックリスト化した図を掲
載している。
　ご自身の事業づくりに、ぜひ役立ててもらいたい。

　以上の過程では、ChatGPT をはじめとする生成 AI の力も積極的に借り
ることを推奨してきた。
　ChatGPT という強力な相棒にたたき台を出してもらったり、壁打ち相
手になったりしてもらうことで、誰でも自分らしい事業をつくることがで
きる。
　本書では、そのテクノロジーのすごさも、体感していただけたのではな
いだろうか。

テクノロジーはどんどん進化してきている。インターネットによりビジネスにおける競争は激しくなっているが、SNSの登場で口コミのパワーが増大し、誰でも共感を得られればアイデアを広げていけるようになった。

オンライン会議では場所の制約もなくなり、ChatGPTの登場によって、経験豊富な起業家でしか使えなかったようなさまざまなフレームワークを誰でも使えるようになった。
経験がないと先に進めないようなことでも、ChatGPTがあれば一歩を踏み出しやすくなったのだ。

ほんとうに、すべての人が、副業や起業を手づくりできる世界になってきている。

現実にビジネスをつくり、お金をいただくのは大変なことだ。しかし、小さく、賢くはじめることで、自分らしさを活かした製品やサービスをつくり、社会に貢献できる時代がきたのである。

あなたが、自分らしく生きるために。

この「マイクロ起業メソッド」が、
すこしでも、あなたのお役に立ちますように。

サマリー

マイクロ起業メソッド

## マイクロ起業メソッドのステップ

| | ステップ | フェーズ |
|---|---|---|
| ☐ | ①アイデアを発想する | 0 to 1 |
| ☐ | ②アイデアを1つに絞る | |
| ☐ | ③ペルソナのインサイトを考える | CPF<br>（顧客課題フィット） |
| ☐ | ④ペルソナへのインタビューで課題を磨く | |
| ☐ | ⑤解決策を考える | PSF<br>（課題解決フィット） |
| ☐ | ⑥ビジネスモデルを構想する | |
| ☐ | ⑦プロトタイプを制作する | |
| ☐ | ⑧顧客へのインタビューで解決策を磨く | |
| ☐ | ⑨最小機能製品（MVP）を開発する | PMF<br>（製品市場フィット） |
| ☐ | ⑩市場で評価と改善を繰り返す | |

# おわりに
## わたしの人生を生きる、明日へ

### わたしは、誰の人生を生きるのか

　自らの可能性を追求し、自分らしい人生を歩みたい。好きや強みを深めて、生活の基盤にしたい。僕がこの本でお伝えしたかったのは「自己実現の技術」である。でも、現実の世界はチョコレートボックスのようなもの。何が入っているのか、あけてみるまでわからない。はじめの一歩を踏み出すと、どんなことが待っているのか。未来の窓をのぞいてみよう。

### 無理をせず、人の喜びを広げてゆく

　好きや強みを起点として、小さくはじめる。つまずきと学びを繰り返す。あるとき、こんなサービスを待っていたという人があらわれる。その人の喜びを味わい、その人の不満から学ぶ。あるとき、あなたと一緒に走りたいという人があらわれる。その仲間と対話する。目的や価値観を共有できると、ふたりの居場所となり、創りだせる価値が高まってゆく。

### 偶然を、味方にするために

　事業づくりは偶然の連続だ。環境は複雑で先が読めず、正解のある答えなどない。クランボルツ教授のキャリア理論で明らかにされたのは、計画できることなど２割しかなく、人生の８割は、偶然の出来事に左右されるということ。だから人生設計はほどほどにして、心の羅針盤を頼りにソトに出てみよう。人と出会い、現実のなかで手探りをはじめよう。

参考：J.D.クランボルツ、A.S.レヴィン著『その幸運は偶然ではないんです！』

## 子どもの感性をとりもどそう

　同理論では、偶然を味方につける方法も提唱されている。新しいことに興味を持つ。失敗しても諦めない。変えることを躊躇しない。前向きに考える。勇気を持って明日への一歩を踏み出す。ひとことでいえば「子どもの感性」をとりもどすこと。大人の生活で忘れかけていた、みずみずしい感性を取りもどして「出会う偶然の量」を増やすことだ。

## 与えよ、さらば与えられん

　もうひとつ、アダム・グラント教授の大規模な研究でわかった人生成功の秘訣。それは「主体的なギバー」になることだ。滅私奉公ではなく、自らが考えた意義に喜びを感じて、他者に貢献すること。そこから価値が生まれ、自己成長していく。その過程で、感謝の思いが広がり、自然と幸運の種が広がってゆく。「出会う偶然の質」が高まっていくのだ。

## 小さく、はじめてみよう

　さあ、これで冒険の準備は整った。旅の手引きは、あなたのもとにある。この本に書いた「最新のイノベーション理論」だ。旅の相棒は、あなたのもとにいる。人類の英知に基づく「最新の生成 AI 技術」だ。いま、手にした「成功の秘訣」を心に秘めて、無理せず、小さくはじめてみよう。自分らしい人生に向けて、あなたの明日はきっと広がってゆく。

　もう、準備はいいかい？
　いまから、自分の未来をひらく冒険に出かけよう。

# 主要参考文献一覧

p.17──『Zebras Unite』https://www.zebrasunite.org/

p.20──『世界標準の経営理論』(2019年、ダイヤモンド社)入山章栄 著

p.31、208──『Running Lean ─実践リーンスタートアップ』(2012年、オライリージャパン)
アッシュ・マウリャ 著、角 征典 訳

p.37──『ChatGPT 最強の仕事術』(2023年、フォレスト出版)池田朋弘 著

p.37──『Prompt Engineering Guide』https://www.promptingguide.ai/jp

p.42──『ハーバードの人生を変える授業』(2015年、大和書房)
タル・ベン・シャハー 著、成瀬まゆみ 訳

p.44──『人を伸ばす力─内発と自律のすすめ』(1999年、新曜社)
エドワード・L・デシ 著、リチャード・フラスト 著、桜井茂男 訳

p.45──『ソース～あなたの人生の源は、ワクワクすることにある。』(1999年、ヴォイス)
マイク・マクマナス 著、ヒューイ陽子 訳

p.45──『学習する組織──システム思考で未来を創造する』(2011年、英治出版)
ピーター・M・センゲ 著、枝廣淳子、小田理一郎、中小路佳代子 訳

p.49──『ポジティブ心理学の挑戦 "幸福"から"持続的幸福"へ』
(2014年、ディスカヴァー・トゥエンティワン)マーティン・セリグマン 著、宇野カオリ 監修・訳

p.55──『The Five-Stage Model of Adult Skill Acquisition』Stuart E. Dreyfus 著

p.57──『日日是好日 ─「お茶」が教えてくれた15の幸せ─』(2008年、新潮社)森下典子 著

p.72──『イノベーションのジレンマ 増補改訂版: 技術革新が巨大企業を滅ぼすとき』
(2001年、翔泳社)クレイトン・クリステンセン 著、伊豆原弓 訳

p.73──『繁栄のパラドクス 絶望を希望に変えるイノベーションの経済学』
(2019年、ハーパーコリンズ・ジャパン)クレイトン・クリステンセン 著、依田光江 訳

p.77、101──『デザイン思考家が知っておくべき39のメソッド』(2012年、デザイン思考研究
所)スタンフォード大学d.school 著、柏野尊徳 監訳、木村徳沙、梶 希生、中村珠希 訳

p.79──『Stanford d.School: "How Might We" Questions』
https://practices.learningaccelerator.org/artifacts/stanford-d-school-how-might-we-questions

p.82──『rest mis order conceptV JP re』注文をまちがえる料理店一般社団法人
https://www.youtube.com/watch?v=ZAZCvelj-Pg

p.83──『Change Careers to Teach For America』Teach For America
https://www.youtube.com/watch?v=SrsdJT-teds

p.98——『かくれた説得者』(1958年、ダイヤモンド社)ヴァンス・パッカード 著、林 周二 訳

p.118——『SNSに対応した消費行動モデル 〜 SIPS』
(2011年)サトナオ・オープン・ラボ(電通)

p.128、134——『ジョブ理論 イノベーションを予測可能にする消費のメカニズム 』
(2017年、ハーパーコリンズ・ジャパン)クレイトン・M・クリステンセン、タディ・ホール、カレン・ディロン、デイビッド・S・ダンカン 著、依田光江 訳

p.136——『バリュー・プロポジション・デザイン: 顧客が欲しがる製品やサービスを創る』
(2015年、翔泳社)アレックス・オスターワルダー 著、関 美和 訳

p.152——『ビジネスモデル・ジェネレーション: ビジネスモデル設計書 ビジョナリー、イノベーターと挑戦者のためのハンドブック』
(2012年)アレックス・オスターワルダー、イヴ・ピニュール 著、小山龍介 訳

p.165——『イノベーションの普及』(2007年、翔泳社)エベレット・ロジャーズ 著、三藤利雄訳

p.172——『リーンスタートアップでピボットする10の方法と成功事例』
(2018年)天気晴朗ナレドモ浪高シ　https://hiroyukiarai.jp/2018/01/22/pivot-a-lean-startup/

p.177——『アイデアのちから』(2008年、日経BP)チップ・ハース、ダン・ハース 著、飯岡美紀 訳

p.185——『DoorDASHが1時間でサービスリリースした話』Launcheers(注:2021年1月以降は閲覧できなくなっています)

p.192——『How the biggest consumer apps got their first 1,000 users』
(2020年)LENNY RACHITSKY
https://www.lennysnewsletter.com/p/how-the-biggest-consumer-apps-got

p.200——『Using PMFSurvey.com』Sean Ellis
https://www.startup-marketing.com/using-survey-io/

p.202——『PMFのはかり方、見つけ方: やや実践編』(2020年)原健一郎
https://note.com/kenichiro_hara/n/nec3b6d791039

p.202——『How Superhuman Built an Engine to Find Product Market Fit』First Round Review
https://review.firstround.com/how-superhuman-built-an-engine-to-find-product-market-fit/?

p.216——『真実の瞬間: SASのサービス戦略はなぜ成功したか』
(1990年、ダイヤモンド社)ヤン・カールソン 著、堤 猶二 訳

『起業の科学 スタートアップサイエンス』(2017年、日経BP)田所雅之 著

# 用語集

**アーリーアダプター**：初期採用者。流行に敏感で自ら情報収集を行い判断する人々。新技術や製品を早期に受け入れ、使用する消費者グループ。社会的影響力が強く、イノベーションの初期段階で重要な役割を果たす。

**アハ・モーメント**：製品の有用性やこだわりがユーザーに刺さる瞬間。製品やサービスの価値を顧客が理解し、認識する瞬間。製品の真の利点が明確になる体験。

**イノベーション**：新しいアイデア、製品、サービス、プロセスを通じて、従来とは異なる方法で価値を創出し、市場や社会に実装すること。

**イノベーター理論**：市場における新製品やサービスの受け入れ方、購入特性を説明するモデルで、消費者をイノベーター、アーリーアダプター、アーリーマジョリティ（前期追随者）、レイトマジョリティ（後期追随者）、ラガード（遅滞者）の5つのカテゴリに分類する。

**インサイト**：思考や感情の奥にある、人々が自覚していない潜在的な欲求。

**価値エンジン**：「支出型成長エンジン」とも呼ばれる。企業が提供する製品やサービスが顧客に持続的な価値を提供し、その結果として収益や顧客満足度の向上を実現するプロセスや戦略。顧客のニーズや期待を深く理解し、それに応えることで、長期的な顧客関係を構築し、事業の成長を促進するための基盤を提供する。

**課題**：顕在化した問題や悩みのこと。

**機能価値**：製品やサービスが提供する具体的な利益や性能を指し、顧客の製品選択に影響する。

**顧客リスク**：事業がそのターゲット顧客から予期せぬ反応を受ける可能性があるリスクのこと。顧客のニーズや好みの変化、製品やサービスへの期待値の不一致、顧客獲得の困難さ、顧客ロイヤルティの低下などが含まれる。

**顧客生涯価値＝LTV（Life Time Value／ライフタイムバリュー）**：1人の顧客が初回の購入からそのサービスの使用を止めるまでにどのくらいの利益をもたらしてくれるかを量的に表す指標。顧客獲得コストの対比やマーケティング戦略の最適化に役立つ。顧客生涯価値を高めることは、企業の持続可能な成長と利益の向上に直結する。

**市場リスク**：市場の変動性や外部環境の変化によって事業や投資が損失を被る可能性があるリスクのこと。これには経済状況の変化、消費者の嗜好の変動、競合他社の新たな製品やサービスの登場、技術の進化、政治的または法律的な変更など、多岐にわたる要因が含まれる。

**持続エンジン**：「粘着型成長エンジン」とも呼ばれる。事業や組織が長期的な成功と存続を確保するために採用するプロセスや戦略。継続的なイノベーション、効率的な運営、顧客との関係強化、財務の健全性維持などが含まれる。持続エンジンは、変化する市場環境や競争の中で組織が適応し、成長し続けるための基盤を提供する。

**紹介エンジン**：「ウイルス型成長エンジン」とも呼ばれる。顧客やユーザーが製品サービスを他の潜在的な顧客に推薦し、それによって新規顧客を獲得するプロセスや戦略。口コミ、紹介プログラム、顧客満足度の向上などを通じて構築され、製品やサービスの自然な普及を促進する。信頼に基づいたマーケティング手法であり、コスト効率が良く、高い転換率を持つとされる。

**情緒価値**：製品サービスが顧客に与える感情的な満足や経験のこと。

**ジョブ**：ある特定の状況で人が成し遂げたい進歩のこと。

**ジョブ理論**：製品サービスが顧客に採用される理由を理解するためのフレームワークで、「顧客が何を成し遂げたいか（ジョブを遂行したいか）」に焦点を当てる。この理論では、顧客が持つ特定のニーズや問題（ジョブ）を解決するために製品やサービスを「雇う」と考える。

**真実の瞬間（Moment of Truth）**：顧客がサービスや製品を利用する過程で経験する、ブランドに対する印象が決定的に形成される瞬間のこと。これは顧客サービスの質、製品の性能、購入後のサポートなど、顧客の期待が満たされる、超えられる、あるいは裏切られる瞬間を指し、顧客満足度やロイヤルティに大きな影響を及ぼす。

**成長エンジン**：事業や組織が成長を達成するために採用する主要な戦略やプロセス。これには新規顧客獲得、顧客の保持・ロイヤルティ向上、製品やサービスの拡大など、さまざまな方法が含まれる。

**製品リスク**：製品の開発、導入、または市場展開の過程で予期せぬ問題や障害が生じる可能性があるリスクのこと。これには、技術的な欠陥、市場のニーズの誤解、競合との差別化の失敗、供給チェーンの問題、または顧客受け入れ体制の欠如など、多岐にわたる要因が含まれる。

**ゼブラ**：経済的な利益と社会的な目的の両方を追求するスタートアップ企業。持続可能性、社会正義、コミュニティの向上など、社会的な影響を重視しながらも経済的な成長を目指す。ユニコーン企業とは異なり、ゼブラ企業は過度な成長や利益追求よりもバランスと実用性を重んじる。

セルフ・コンコーダント・ゴール：個人の深い価値観や興味に基づき、内発的な動機付けから設定される目標。これらの目標は、個人が本当に達成したいと願うことに根ざしており、外部からの報酬や圧力に依存しない。セルフ・コンコーダント・ゴールを追求することは、より高い満足感、幸福感、そして持続可能なモチベーションにつながると考えられている。

デザイン思考：問題解決のアプローチであり、ユーザー中心の視点を取り入れ、創造性と実践的な試行を組み合わせて、新しいソリューションを生み出すプロセス。Empathy（共感）、Define（定義）、Ideate（発想）、Prototype（試作）、Test（テスト）の5段階で構成される。

バーニングニーズ：顧客が強く感じている、解決されることを熱望する切実な問題やニーズ。髪の毛に火がついてしまったときのように、直ちに消すことが求められる切迫したニーズを指す。

バリュープロポジション：製品やサービスが顧客に提供する独自の価値やメリットを明確に示したもの。顧客がその製品やサービスを選ぶ理由となる特徴や利点を表す。

バリュープロポジション・キャンバス：企業が自らの製品やサービスが顧客にとって本当に価値のあるものであるかを理解し、分析するためのツール。顧客のニーズや問題点、そしてそれらにどのように対応するかを視覚化し、製品やサービスのバリュープロポジションを明確に定義するのに役立つ。

ビジネスモデル：企業がどのように価値を創出し、提供し、収益を得るかの枠組み。これには、顧客セグメント、価値提案の方法、収入の流れ、コスト構造、主なリソース、パートナーなど、事業運営に関わる重要な要素が含まれる。

ビジネスモデル・キャンバス：企業のビジネスモデルを視覚的に表現し、分析するためのフレームワーク。9つの構成要素（顧客セグメント、価値提案、顧客との関係、チャネル、コスト構造、収益の流れ、主な活動、主なリソース、パートナー）を使って、企業がどのように価値を創出し、提供し、収益を上げるかを整理し理解するのに役立つ。新しいビジネスアイデアを評価する際や、既存のビジネスモデルを再構築する際にも有効。

ピボット（方向転換）：事業戦略や製品方針を大きく転換すること。

プロトタイプ（試作品）：製品サービスの概念を実際の形で表現した初期モデル。テストやフィードバック収集に利用。

ペルソナ：製品サービスの理想的な顧客像を具体的に表現した架空のユーザーモデル。マーケティングや製品開発のプロセスにおいて、ターゲット顧客のニーズ、行動、特性、目標などを代表する形で描かれる。

ムーンショット思考：非常に大胆で野心的な目標を設定し、従来の枠組みや限界を超えた革新的な解決策を追求する思考法。この用語は、1960年代のアポロ計画に由来し、アメリカが人類を月に送るという当時としては非常に大胆な目標を達成したことにちなんでいる。

ユニコーン：未上場のスタートアップ企業で、評価額が10億ドル（約1500億円：2024年3月現在）以上に達するもの。この用語は、そのような高い評価額を持つスタートアップが非常に珍しいという事実を反映しており、技術革新、独創的なビジネスモデル、急速な成長ポテンシャルを持つ企業に対して用いられる。

リーン・スタートアップ：製品開発と市場導入のプロセスを迅速かつ効率的に行う方法論で、顧客のフィードバックを積極的に取り入れながら、最小限のリソースで製品やサービスを継続的に改善し、市場適応を図る手法。

CPF（Customer Problem Fit＝顧客課題フィット）：本書では、ある顧客（Customer）が解決を熱望する課題（Problem）を見つける局面のことを指す。顧客が本当に解決したいと思っている課題とは何かを探る、顧客の課題を磨く局面。

How might we〜？（HMW／〜してはどうか？）：イノベーションやクリエイティブな問題解決のプロセスにおいて、チームが問題をポジティブかつオープンな方法で考えるための質問形式のこと。チームメンバーが挑戦を機会として捉え、さまざまな視点や切り口からアイデアを探求することを促す。HMW質問は、制約や予測される困難に囚われることなく、創造的な思考を刺激し、解決策の発見に向けてポジティブな方向性を提供する。

MVP（Minimum Viable Product ＝ 実用最小限の製品／最小機能製品）：製品が市場に受け入れられるかをテストするために、必要最小限の機能を持つ製品。初めて使う顧客でもすぐ理解できるような、シンプルで最小限の製品を指す。製品開発の初期段階で、大規模な投資や時間を費やす前に、実際の顧客の反応を得ることを目的としている。製品の核となるアイデアや機能を顧客に提供し、そのフィードバックを基に製品を継続的に改善し、適応させるプロセスの出発点となる。

PMF（Product Market Fit＝製品市場フィット）：本書では、最小機能の製品（Product）をつくり、その製品を受け入れてくれる現実の市場（Market）を探す局面を指す。製品サービスを磨く局面。

PSF（Problem Solution Fit＝課題解決フィット）：本書では、顧客の課題（Customer）を発見し、その顧客の課題に対する最適な解決策（Solution）を見つける局面を指す。解決策を磨く局面。

# 小さくはじめよう

自分らしい事業を手づくりできる「マイクロ起業」メソッド

| 発行日 | 2024年4月19日　第1刷 |
|---|---|

| Author | 斉藤徹 |
|---|---|
| Book Designer | カバー・帯：新井大輔<br>本文・DTP：小林祐司 |
| Publication | 株式会社ディスカヴァー・トゥエンティワン<br>〒102-0093　東京都千代田区平河町 2-16-1 平河町森タワー 11F<br>TEL　03-3237-8321（代表）03-3237-8345（営業）／ FAX　03-3237-8323<br>https://d21.co.jp/ |
| Publisher | 谷口奈緒美 |
| Editor | 橋本莉奈　編集協力：白戸翔（ニューコンテクスト） |

Sales & Marketing Company

飯田智樹　庄司知世　蛯原昇　杉田彰子　古矢薫　佐藤昌幸　青木翔平　阿知波淳平　磯部隆　大﨑双葉
近江花渚　小田木もも　仙田彩歌　副島杏南　滝口景太郎　田山礼真　廣内悠理　松ノ下直輝　宮田有利子
三輪真也　八木眸　山田諭志　古川菜津子　鈴木雄大　高原未来子　藤井多穂子　厚見アレックス太郎
伊藤香　伊藤由美　金野美穂　鈴木洋子　陳鋭　松浦麻恵

Product Management Company

大山聡子　大竹朝子　藤田浩芳　三谷祐一　千葉正幸　伊東佑真　榎本明日香　大田原恵美　小石亜季
野村美空　橋本莉奈　原典宏　星野悠果　牧野類　村尾純司　安永姫菜　斎藤悠人　浅野目七重　神日登美
波塚みなみ　林佳菜

Digital Solution & Production Company

大星多聞　中島俊平　馮東平　森谷真一　青木涼馬　宇賀神実　小野航平　佐藤淳基　舘瑞恵　津野主揮
西川なつか　野﨑竜海　野中保奈美　林秀樹　林秀規　元木優子　福田章平　小山怜那　千葉潤子
藤井かおり　町田加奈子

Headquarters

川島理　小関勝則　田中亜紀　山中麻吏　井筒浩　井上竜之介　奥田千晶　中西花　福永友紀　齋藤朋子
俵敬子　宮下祥子　池田望　石橋佐知子　丸山香織

| Proofreader | 文字工房燦光 |
|---|---|
| Printing | 中央精版印刷株式会社 |

・定価はカバーに表示してあります。本書の無断転載・複写は、著作権法上での例外を除き禁じられています。
　インターネット、モバイル等の電子メディアにおける無断転載ならびに第三者によるスキャンやデジタル化もこれに準じます。
・乱丁・落丁本はお取り替えいたしますので、小社「不良品交換係」まで着払いにてお送りください。
・本書へのご意見ご感想は下記からご送信いただけます。
http://www.d21.co.jp/inquiry/

Discover

**人と組織の可能性を拓く**
**ディスカヴァー・トゥエンティワンからのご案内**

本書のご感想をいただいた方に
# うれしい特典をお届けします！

## 特典内容の確認・ご応募はこちらから

https://d21.co.jp/news/event/book-voice/

最後までお読みいただき、ありがとうございます。
本書を通して、何か発見はありましたか？
ぜひ、ご感想をお聞かせください。

いただいたご感想は、著者と編集者が拝読します。

また、ご感想をくださった方には、お得な特典をお届けします。